退役军人职业选择与发展丛书

Starting Occupations for Veterans
退役军人职业起步

杭州市退役军人事务局　杭州市西湖区退役军人事务局 / 主编

倪科卿 / 编著

浙江工商大学出版社
ZHEJIANG GONGSHANG UNIVERSITY PRESS
·杭州·

图书在版编目(CIP)数据

退役军人职业起步 / 倪科卿编著. —杭州：浙江工商大学出版社，2020.9（2021.8重印）

ISBN 978-7-5178-4004-6

Ⅰ. ①退… Ⅱ. ①倪… Ⅲ. ①退役—军人—职业选择—中国 Ⅳ. ①E263

中国版本图书馆 CIP 数据核字（2020）第144388号

退役军人职业起步
TUIYI JUNREN ZHIYE QIBU

杭州市退役军人事务局　杭州市西湖区退役军人事务局　主编
倪科卿　编著

责任编辑	张莉娅
封面设计	吴承远　林朦朦
责任印制	包建辉
出版发行	浙江工商大学出版社 （杭州市教工路198号　邮政编码310012） （E-mail: zjgsupress@163.com） （网址：http://www.zjgsupress.com） 电话:0571-88904980,88831806（传真）
排　　版	杭州朝曦图文设计有限公司
印　　刷	杭州高腾印务有限公司
开　　本	787mm×1092mm　1/16
印　　张	13.75
字　　数	275千
版 印 次	2020年9月第1版　2021年8月第2次印刷
书　　号	ISBN 978-7-5178-4004-6
定　　价	65.00元

版权所有　翻印必究　印装差错　负责调换
浙江工商大学出版社营销部邮购电话　0571-88904970

退役军人职业选择与发展丛书

主　编　　杭州市退役军人事务局
　　　　　杭州市西湖区退役军人事务局

编　委　　倪科卿　　　　陈　超
　　　　　崔海辉　　　　丛国栋
　　　　　丛天落　　　　余　琛
　　　　　来半分　　　　田　敏
　　　　　徐百兴

退役军人职业选择与发展丛书

序

以习近平同志为核心的党中央，高度重视退役军人事务工作。浙江省各级退役军人事务部门，坚决落实习近平同志指示，以"秉持浙江精神，干在实处、走在前列、勇立潮头"的使命感，积极推进"新时代枫桥式退役军人服务站"建设，努力探索实践退役军人全生命周期服务管理模式，受到了社会各界的高度赞誉。

如何让军人成为全社会尊崇的职业，需要探索和研究的问题有很多，其中退役军人的就业创业问题就是当前亟待解决的重点和难点问题。社会发展日新月异，如何适应从军营到地方的转折，更好地融入社会，退役军人迫切需要有一本能够紧贴自身特点，切实帮助自己在职业领域更好发展的图书。令人欣喜的是杭州市退役军人事务局和西湖区退役军人事务局及时呼应了这份期待，他们通过深入一线调研，积极开展线上线下问卷调查，精准把脉，积极组织在退役军人社会就业研究领域的专家，编写退役军人职业选择与发展丛书，首本《退役军人职业起步》现已完成并即将出版。本书紧扣退役军人职业发展重难点，理论联系实际，深入浅出，对退役军人职业发展环境与政策、职业认知、职业生涯规划等进行系统的解疑释惑，提出了针对性和实用性很强的解决方案。

最后衷心祝愿，有更多的退役军人能从这本书中习得知识、获得方法、坚定信心、取得成功。

是为序。

王海涛

浙江省军区原司令员

2020年9月

目录

第一章　退役军人职业发展环境与政策 / 1

　　第一节　国内经济形势及趋势 / 3

　　第二节　重点关注行业 / 8

　　第三节　退役军人政策要点解读 / 12

　　第四节　政府专项服务 / 25

第二章　退役军人自我职业认知 / 29

　　第一节　我希望做什么——价值观认知 / 31

　　第二节　我喜欢做什么——兴趣认知 / 36

　　第三节　我适合做什么——性格认知 / 41

　　第四节　我能够做什么——能力认知 / 47

　　第五节　自我职业认知的方法 / 53

第三章　退役军人职业生涯规划 / 59

　　第一节　职业生涯规划基础知识 / 62

　　第二节　职业生涯规划的主要方法 / 66

　　第三节　职业生涯规划的基本步骤 / 74

　　第四节　职业生涯规划书写作 / 79

第四章　退役军人职业决策 / 85

　　第一节　职业决策过程 / 88

　　第二节　认识职业 / 91

第三节　职业胜任力提升办法 / 95

第四节　职业决策方法及应用 / 96

第五节　职业决策误区 / 103

第五章　退役军人职业准备 / 107

第一节　职业心理准备 / 110

第二节　职业信息准备 / 118

第三节　职业竞争准备 / 123

第六章　退役军人就业 / 129

第一节　应聘程序 / 132

第二节　简历准备 / 139

第三节　面试技巧 / 144

第四节　薪资谈判 / 149

第五节　求职礼仪 / 151

第六节　签订劳动合同 / 155

第七节　线上就业服务平台使用 / 159

第七章　退役军人创业 / 165

第一节　创业环境及趋势 / 168

第二节　创业素质与能力 / 177

第三节　创业过程管理 / 181

第四节　国家军转创业平台应用 / 191

第五节　典型创业案例（基于西湖区）/ 192

第八章　退役军人职业权益保护 / 195

第一节　职业权益保护主管部门 / 198

第二节　主要职业权益保护法规简介 / 199

第三节　典型职业侵权行为 / 201

第四节　违约责任与劳动争议 / 205

第五节　职业权益保护的途径 / 206

第一章

退役军人职业发展环境与政策

引 言

毕俊营退役之后,像很多战友一样,前两个月"放飞自我",确实爽得飞起——先回家宅着,"葛优躺"与"龙王卧"交替,吃饭、睡觉、看剧、打游戏……又过了一个星期,通知亲朋好友"I'm back.",开始了为期半个月的大餐,酒桌上还约定了春天一起来个圣地巡礼打卡之旅……

不料春节期间被疫情封闭在家里,他和父母认真讨论未来从事什么职业。父母的观念比较传统,意思是:反正家里已经给他准备好了房子,他就考个编制端上铁饭碗,稳稳当当过日子比什么都强。虽然也觉得不错,但看到有的同学已经创业小有成就,他自己总是百爪挠心,感觉痒痒的。

后来他报名参加街道组织的防疫志愿者队伍,值勤时认识了一位两年前退役回来的战友。这位战友叫丁新成,比毕俊营年长三岁,目前在一家大型电商公司从事人力资源工作。

有天半夜值勤结束,两人一起闲聊。一听毕俊营提起找工作的话题,丁新成一边搓手一边打开了话匣子:"问我可算是问对人啦!兄弟,你听我说啊,以你现在的大好年纪,随随便便找个饭碗肯定是小菜一碟。不过要想找到适合自己的工作,当上CEO娶上白富美,一步步走上人生巅峰,可要全面策划和准备一番……"

毕俊营故作内行:"先要从写简历开始吧?我已经下了好多模板了!"

丁新成笑得上气不接下气:"你这么说,充分证明你是只社会菜鸟。"看到毕俊营纯真的蒙圈表情,他继续解释:"找工作就像是游戏打野,如果出发前不看看地形、检查装备、分析哪条路线难度小点,八辈子也只能在青铜混哦!"

一语惊醒梦中人。毕俊营一拍大腿,赶紧追问要了解哪些情况。丁新成望着天上的月亮,慢悠悠地说:"这万里长征第一步啊,就是了解现在的经济形势……"

第一节 国内经济形势及趋势

分析职业发展环境时,一般要运用PEST模型,即全面考虑政治、经济、社会和技术四个方面。国内政治和社会稳定,技术进步迅速,对职业发展非常有利。而经济是职业发展的基础,对职业数量、质量、生活水平等有至关重要的影响,因此应当重点分析经济环境。

一、国内经济形势

目前国内经济形势,可以概括为"稳中求进,长期向好"。

1. 党中央已经指明了正确方向

2020年一季度极不寻常,突如其来的新冠肺炎疫情对我国经济社会发展造成了前所未有的冲击。习近平总书记指出,越是在这个时候,越要用全面、辩证、长远的眼光看待我国发展,越要增强信心、坚定信心。中国是个大国,韧性强,潜力大,回旋余地大。我国经济长期向好的基本面没有改变,疫情的冲击是短期的,总体上是可控的。

2020年4月17日,中共中央政治局召开会议,会议指出,稳是大局,必须确保疫情不反弹,稳住经济基本盘,兜住民生底线。要在稳的基础上积极进取,在常态化疫情防控中全面推进复工复产达产,恢复正常经济社会秩序,培育壮大新的增长点增长极,牢牢把握发展主动权。

2. 统计数据已经证明了形势向好

2020年4月17日,国家统计局发布数据显示,3月份主要经济指标呈现回升势头,降幅明显收窄,预计下一阶段经济会延续回升改善、持续向好的势头。总体来看,中国经济长期向好的趋势没有变,中国市场规模大、成长快、潜力巨大的基本特点不会改变。

与百姓生活息息相关的就业、物价总体平稳。随着生产生活秩序逐步恢复,3月份,全国城镇调查失业率为5.90%,比2月份下降0.3个百分点;其中25—59岁群体人口调查失业率为5.40%,比上月下降0.2个百分点。从价格来看,一季度CPI涨幅是4.90%,比1—2月份回落0.4个百分点。

我国政府对经济调控的手段逐渐成熟,宏观把控能力日臻完善。国际货币基金组织于2020年4月14日公布的最新《世界经济展望》报告中也预言,今年全球经济增速为-3%,对今年中国经济判断为可能增长1.20%,而明年有可能达到9.20%。在全世界经济面临困难的情况下,中国可谓"风景这边独好"。

3. 浙江经济已经恢复上升通道

在疫情期间全国经济指标下滑的大环境中,浙江省经济指标下降最少。更值得称道的是,以信息服务业等为代表的现代服务行业非但没有下降,反而逆势增长。

大部分退役军人也敏锐地感受到这一点。对西湖区755名退役军人的调查显示,接近60%的退役军人对浙江经济持乐观态度,相信受疫情影响较小,其中超过20%的人非常乐观。相反,只有大约12%的退役军人信心不足。具体数据如表1-1所示。

表1-1 西湖区退役军人对疫情影响浙江经济的看法

选 项	人 数	比 例
A 非常好,受疫情影响很小	177	23.44%
B 比较好,疫情已经可控	324	42.91%
C 比较困难,疫情影响还没完全显现	160	21.19%
D 信心不足,疫情影响长期而且大	94	12.45%

杭州市的形势更是让人惊喜。2020年杭州市"两会"期间,政府发布财政预算报告,公开了如下数据。

2019年,全市一般公共预算收入1965.97亿元,比上年增长7.70%;全市一般公共预算支出1952.85亿元,比上年增长13.70%。放眼全国,能够实现7.70%增长的城市很少,尤其是原来基数很大的杭州市,更是难上加难。并且2019年杭州全市一般公共预算支出1952.85亿元,比上年增长13.70%。

2020年,全市一般性公共收入预期2104.50亿元,增长7%左右;全市一般性公共预算支出2022.80亿元,同口径增长6.50%。因为疫情的影响,估计全国2020年能够实现收入增长的城市不多,杭州增长7%应该属于凤毛麟角,而且预算支出增长6.50%,杭州发展必然进入高速通道。

因此,毕俊营完全没有必要担心好的就业机会减少,或者英雄无用武之地等问题,而应当对国家经济的现状和未来吃下定心丸,对杭州市更要信心百倍。

二、发展趋势

我国经济已由高速增长阶段转向高质量发展阶段。全国政协委员、中国社会科学院大学教授裴长洪在《中国经济向高质量发展的十大变化趋势》一文中,提出了决定中国经济长期发展潜力和未来前景的十大趋势性变化。其中,与退役军人密切相关、值得重点关注的有以下七大变化趋势。

1. 最终消费支出增长成为经济增长的第一拉动力,并且转向追求高品质、差异化、多样化的选择性消费

这说明,人们手里有钱也敢花钱,并且愿意把钱花在提升生活品质、彰显自己个性上面。最终消费支出,就是真金白银的买单,是顾客需求的最终体现和最佳证明,也是判断经济趋势的指南针。

2. 经济集聚在湾区和城市群中形成资源配置规模效应

中国经济将在粤港澳湾区、上海与长三角湾区、京津与渤海湾区集聚，这三大湾区将成为中国经济的增长极。这三大增长极，将成为中国经济发展的龙头，对经济方向、质量等均有决定性的作用。

从经济地理的角度，长三角可以被称为黄金地带。网上有个很火的视频《上海，这里是我们永远的家》，是一个上海网友航拍的上海。其中有一段非常震撼的场面——长江舒缓而磅礴地汇入大海，象征着以上海为核心的长三角，将以这样的姿态，向光明和美好进发。

与经济政策对应，户籍政策也出现重大利好，影响人口流动趋势。

2019年8月26日，中央财经委员会第五次会议明确提出："增强中心城市和城市群等经济发展优势区域的经济和人口承载能力。"国务院于2020年3月出台了《国务院关于授权和委托地用地审批权的决定》，把农村用地转化为城镇建设用地的审批权，下放到地方政府，并强调让市场在资源配置中起到主导作用。

面对新冠病毒全球大流行的严峻形势，新华社于2020年4月9日发表了《中共中央 国务院关于构建更加完善的要素市场化配置体制机制的意见》，进一步开放大城市大门："深化户籍制度改革。推动超大、特大城市调整完善积分落户政策，探索推动在长三角、珠三角等城市群率先实现户籍准入年限同城化累计互认。放开放宽除个别超大城市外的城市落户限制，试行以经常居住地登记户口制度。建立城镇教育、就业创业、医疗卫生等基本公共服务与常住人口挂钩机制，推动公共资源按常住人口规模配置。"

这意味着，除了北京、上海，其他城市户籍均可逐步放开。事实上，很多二线城市的户籍已经放松，大量引进年轻人口。就一线城市中的深圳而言，事实上其户籍制度比二线城市还宽松；2019年，广州也大规模放松了落户条件。新进人口可以享受更多的城市资源和福利，这无疑将进一步推动大城市化和城市群时代的来临，并极大拉动中国经济向上突破。

中央重点支持的京津冀、长三角、粤港澳、成渝等19个城市群，将承载全国78%的人口，贡献超过80%的GDP。在全国范围内，史无前例的人口和就业机会向这些城市群转移。

数据显示，2019年，中国人口流入量前五的是浙江、广东、新疆、重庆和福建。根据日前公布的2019年常住人口情况，浙江、广东、新疆、重庆和福建人口分别净流入84.10万人、82.61万人、27.15万人、13.47万人和5.10万人，浙江人口净流入量赶超广东，并且是第三名新疆的3倍多。这充分证明，浙江已经成为当前国内最有人口吸引力的地区。2019年4月28日，浙江省公安厅正式发布《浙江省常住户口登记管理规定》，进一步放宽直系亲属和配偶父母投靠等方面的落户条件，浙江人口将会进一步增长。

3. 先进科技将赋能传统产业升级

从2015年起，中国已经超越日本成为亚洲最大的高科技产品出口国。中国不仅在科技领域的创新力上和美国并驾齐驱,而且在制造业产业链上的地位也正不断向上游迈进。

2018年国家发改委发布了《增强制造业核心竞争力三年行动计划(2018—2020年)》,重点发展轨道交通装备、高端船舶和海洋工程装备、智能机器人、智能汽车、现代农业机械、高端医疗器械和药品、新材料、制造业智能化、重大技术装备等重点领域。以高铁、大飞机为代表的高端装备制造以及智能制造业,成为工业经济高质量发展的新趋势。

2019年《政府工作报告》提出了"智能+";2019年3月19日,中央全面深化改革委员会第七次会议审议通过了《关于促进人工智能和实体经济深度融合的指导意见》,提出构建数据驱动、人机协同、跨界融合、共创分享的智能经济形态。这意味着我国推动人工智能为传统产业赋能升级的步伐大大加快。

4. 数字经济成为新兴产业并开辟了网络市场新领域

2017年10月,数字经济被写入党的十九大报告,发展数字经济已经成为国家战略。当前,以互联网、物联网、大数据、云计算等新技术为基础的应用日益发达,产生了数字媒体、电子商务、电子金融服务,出现了许多新产品、新行业、新业态,例如直播电商等。互联网正在改变人类的生产和生活方式。

根据《世界互联网报告2018》,截至2018年全球互联网用户数量已经达到36亿,超过了全球人口的一半。中国移动互联网用户为7.53亿,2017年比上年增长8%,移动端数据用户同比增长162%。中国市场上,在线娱乐方式(长短视频和移动游戏)、新零售、移动支付等方面都取得进一步发展,中国正在成为全球互联网巨头。

5. 服务业空间广阔

消费形态正在由实物消费向服务消费加快转变。从国际上看,2018年美国服务消费占居民消费比重达到了68.90%,其他发达国家的依次是日本59.40%、英国58%、法国54%、德国52%。2019年我国前三季度全部居民最终消费支出中,服务消费已经超过实物消费,占居民消费比重为50.60%,已经接近德国和其他欧洲大陆国家的服务消费占比。

国民对更加优质的公共服务的需求,个人服务的差异化、个性化、定制化需求,都日益强烈,为服务业的发展留下了巨大的空间。旅游、文化、家政等高品质服务消费增长速度超过商品消费,而且将结合5G商用带来的信息消费升级机遇,带动形成新的消费增长点。

6. 乡村振兴出现新契机

党的十九大提出的乡村振兴战略,就是要坚持农业农村优先发展,按照产业兴旺、生态宜居、乡风文明、治理有效、生活富裕的总要求,建立健全城乡融合发展体制机制和政策体系,加快推进农业农村现代化。

建设美丽乡村,发展生态经济,浙江在乡村振兴方面走在全国前列,出现了安吉、桐庐等一大批实践"绿水青山就是金山银山"的先进典型,土地资源、建设资金得到更合理配置。乡村生活品质和幸福指数不断提高,成为很多在大城市打拼一族的梦想之地。

7. 中国与开放型世界经济联系更紧密

中国与有关国家共商共建"一带一路"不断取得新成就,从2018年起,中国稳居世界货物贸易第一、服务贸易第二的地位。中国已经成为世界第三大对外直接投资国。

自改革开放以来,长三角地区一直是对外贸易和国际合作的先锋。浙江省已经形成发达而完整的外贸产业链,民间已经形成坚实的国际合作基础,未来无疑将更上一层楼。

上述七大变化趋势,将给国家经济带来持久强大的推动,与之相关的职业机会也不断出现,甚至很多从前不敢想象的机会也都涌现出来。只要不明显违背这些趋势,年轻一代的前途必将越来越广大。毕俊营这种从军队锻造出来的有志青年,前途自然更加光明。

第二节 重点关注行业

在访谈中,有退役军人表示:"因为我们是上网课的,所以很多工作不好找,准备去社区里当巡防。等从目前在读的这个学校毕业后,再去地铁公司上班。"这种观点有一定的代表性。对西湖区755名退役军人的调查显示,57.61%的退役军人对职业前景持乐观态度,相信"是金子一定会发光",其中超过23%的人非常乐观。但是,也有大约42%的退役军人信心不足。具体数据如表1-2所示。

表1-2 退役军人对职业前景的看法

选 项	人 数	比 例
A 信心十足,是金子在哪个职业都能发光	177	23.44%
B 信心较大,只要找到合适的职业就能大有作为	258	34.17%
C 信心一般,合适的职业不多,也未必轮到我	165	21.85%
D 信心不足,我的职业技能很难达到社会要求	155	20.53%

一、行业前景判断标准

判断行业前景是否光明,主要看五个方面,如图1-1所示。

国家政策扶持 ＋ 资本大量进入 ＋ 技术变革支撑 ＋ 消费需求变化 ＋ 人口结构变化 ＝ 行业前景光明

图1-1　行业前景判断标准

1. **国家政策扶持**

比如,2020年4月20日的国家发改委新闻发布会上,官方首次明确了"新基建"的范围。其中信息基础设施包括以5G、物联网、工业互联网、卫星互联网为代表的通信网络基础设施,以人工智能、云计算、区块链等为代表的新技术基础设施,以数据中心、智能计算中心为代表的算力基础设施等;融合基础设施包括智能交通基础设施、智慧能源基础设施等;创新基础设施则包括重大科技基础设施、科教基础设施、产业技术创新基础设施等内容。

央视列出了"新基建"主要包括的七大领域:5G基建、特高压、城际高速铁路和城市轨道交通、新能源汽车充电桩、大数据中心、人工智能、工业互联网。

2. **资本大量进入**

比如,投资界著名的云锋基金(由虞锋和马云联合成立)代表虞锋,谈到投资方向时说:"云锋基金现在重点关注的,是去年马老师提到的'五新'(新零售、新金融、新制造、新技术、新能源),外加"两H"——Happiness(文娱)和Health(健康)。这基本上把中国未来30年会高速成长的领域都包含了,对我们来说也是最有机会的。""五新"和"两H"的背后,其实就是当今中国最重要的发展主线——经济转型和消费升级,也是大量资本投入、企业高速发展的重点领域。

3. **技术变革支撑**

从2000年开始,互联网行业是绝对的领头羊。未来二十年,先进科技将成为最大的推动引擎,特别是人工智能将成为最新的排头兵。

人工智能已在智能机器人、无人机、金融、医疗、安防、自动驾驶、搜索、教育等领域得到了较为广泛的应用。其中,自动驾驶是人工智能领域最具商用前景的落地领域之一,一汽、上汽、北汽、长安、东风等国内传统汽车企业都在智能化、自动驾驶方面大量投入资金研发。

4. **消费需求变化**

分众传媒董事局主席江南春认为:"当前中国有2.25亿中产阶级,2020—2025年间会有5亿新中产阶级。他们爱美、爱玩、爱健康,怕老、怕死、怕孤独,缺爱、缺心情、缺自己。所以大家的生意只要在'三爱''三怕''三缺'里面,未来依旧是前途光明的。"

尤其是即将成为主要劳动力并具备了越来越强大的消费能力的90后,他们的消费需求对经济走势和行业发展的影响也越来越大。例如,如果没有90后愿意为优质内容付费的习惯,国内视频网站不可能获得如此庞大的付费用户,也不可能有多大的发展空间。

5. 人口结构变化

我国出生率持续下降,民众预期寿命持续上升。根据国家统计局的数据显示,全国人口中有2.5亿超过60岁,占总人口的18%。另据世界卫生组织预测,到2050年,中国将有35%的人口超过60岁,大概有4亿人,将占亚洲老年人口的2/5。某些城市,最典型的是上海,其实已经进入深度老龄化社会。2019年底,上海户籍人口中的35.20%是60岁以上的老年人口。

此外,大城市人口快速增长之后,相应的住房、儿童设施等硬件供应不足,针对家长和孩子的培训等软件供应更加缺乏。

二、应当重点关注的行业

除了众所周知的机关和事业单位,参照以上行业判断标准,结合退役军人的特点,建议应当重点关注以下九大行业,如表1-3所示。

表1-3 退役军人重点关注行业

行 业	细分领域	备 注
教育培训	婴幼儿教育、艺术教育、K12教育、户外营地教育、技能教育等	最好拥有教师资格证书
养老	社区养老机构、居家养老服务、老年大学、养老公寓等	
环保	环保科技、淡水或污水处理、烟尘清理、资源循环利用等	永远不过时
高端和智能制造	生物医药、基因检测、医疗器械、智能装备机器人等	
家政	私人安保、家政机构管理和培训、家庭食品制作等	需求增长强劲
心理咨询	亲人沟通、婚姻辅导、职场压力、情感陪伴等	最好拥有专业资格证书
大医疗	健康体检、健康管理、分级诊疗体系建设等	
健身美容	健身、医疗美容等	
文化旅游	动漫及衍生品、文化演出、体育赛事、游戏直播、出行服务等	

1. 教育培训行业

中产阶级花在教育上的支出大约为家庭收入的30%—50%,伴随家长和学生的观念变化、意识发展和焦虑升级,家长都不想让自己孩子输在起跑线上。因此,教育行业一直欣欣向荣,而且受经济形势波动影响很小。

当前已经开办的学校,虽然仍然是退役军人定向就业安置的空白点,但前景广大。目前,幼儿园需要安全保障,中小学阶段很多学生"娘化"现象严重,大学阶段很多学生生活自理能力弱、挫折承受能力差。而具有阳刚之气的退役军人可以担任军体教师、国防教育教师、通识教育导师、农村中小学体育老师等。

细分领域:婴幼儿教育;艺术教育,包括钢琴、美术、棋类等;K12教育,包括出国留学服务等;户外营地教育,如亲子游、夏令营、国际游学等;技能教育,包括语言类、商业类以及企业家教育。

2. 养老行业

老年人的整体消费观念和能力在提升,在5—10年内养老需求会呈爆发性增长,成为万亿级的市场。老年人的衣食住行产品,以及医疗保健、娱乐旅行、学习教育等很多方面,都存在供给数量和质量不足的问题。上海、大连这些城市的老年大学特别火,想入学还有难度,有的老人排队排了五年都没轮到上老年大学。

细分领域:社区养老机构、居家养老服务、老年大学、养老公寓等。

3. 环保行业

环保的重要性无须强调,无论是环境修复还是保护,都是利国利民、应得到高度重视的行业。

细分领域:环保科技、淡水或污水处理、烟尘清理、资源循环利用等。

4. 高端和智能制造行业

高端和智能制造行业之所以重要,不仅因为这是国家的战略重点,更是因为中国巨大的人口基数决定了对产品的海量需求,以及制造业依然是我国整个国民收入的基石。2020年杭州市"两会"期间,政府发布的财政预算报告中,也提出大力实施"新制造业计划"。

细分领域:生物医药、基因检测、医疗器械、智能装备机器人等。

5. 家政行业

随着经济收入和对家庭生活质量要求的提高,家政需求日益旺盛,这也促使家政行业收入水涨船高。微博"@中国经营报"的数据显示,2020年3月家政行业平均支付月薪5908元,环比上升6.26%,其中,月嫂月薪达9369元,位居第一。据央视报道,北京月嫂起薪是8000元,熟练的月嫂月薪2.5万元,而且需提前半年预约才能排上。网友调侃说:这收入超过清华、北大的毕业生了。

家政行业也得到了更多的政策扶持。比如,连海归硕士都很难获得的上海户口,已经向家政行业倾斜。2020年5月1日,《上海市家政服务条例》正式实施,家政人员符合条件可落户。另外,高端家政需求也日益旺盛。例如,大量富裕家庭的出现,私人安保需求剧增,急需专业化的安保人员,而退役军人恰好是这一工作最职业化的存在。基本要求包括忠于职守,有强大的保护人身安全能力,驾驶技术高超。

细分领域:私人安保、家政机构管理和培训、家庭食品制作等。

6. 心理咨询行业

城市化的进展和经济的起飞或波动期间,焦虑是普遍现象,心理咨询的需求日益增加。

细分领域:亲人沟通、婚姻辅导、职场压力、情感陪伴等。

7. 大医疗行业

中国的医疗供给仍然不足,同时也面临历史机遇。很多人希望投奔城市的一个重要原因就是,城市里面有更好的医疗服务。

细分领域:健康体检、健康管理、分级诊疗体系建设等。

8. 健身美容行业

现在的人都非常注意自己的身体健康和容颜,所以现在的健身美容行业可谓是"春天中的春天"。

细分领域:健身、医疗美容等。

9. 文化旅游行业

随着国民收入水平的提高和休假制度等配套政策措施的完善,目前文化旅游需求刚刚释放出来,仅浙江省文化旅游就很有希望打造成万亿产业。与互联网、高科技结合之后,影视、音乐、文学、游戏等将会进入新的高速发展通道。

细分领域:动漫及衍生品、文化演出、体育赛事、游戏直播、出行服务等。

单单这九大重点关注行业,已经足够让毕俊营眼花缭乱,"选择恐惧症"几乎要发作。尤其在杭州市,其中的每个行业都可以说是表现突出。比如高端制造业依然有强大的国际竞争力,著名企业不胜枚举。不用说阿里巴巴、海康威视、大华等国际知名集团,杭州市任何一个开发区或园区,里面都有大量国内知名的中小高科技企业。

因此,对毕俊营而言,他不仅拥有金色年华,而且已经站在黄金区域,面对着朝阳。他只需更加清晰地认识自己的职业需求和优势,就能踏上高速前进的列车,实现人生的理想。

第三节

退役军人政策要点解读

在党中央的关怀下,各级政府部门出台了多项政策,促进退役军人就业和创业,为退役军人的职业发展提供了有力保障。

对西湖区755名退役军人的调查显示,接近60%的退役军人对相关政策持肯定态度,认为政策考虑到自己的实际情况,有实质性的帮助,其中超过26%的退役军人认为帮助很大。值得注意的是,24.24%的退役军人认为政策帮助不大,还有大约15%的退役军人不了解这些政策。这说明,对接近40%的退役军人来说,他们还需要进一步了解相关政策的解释和说明。具体数据如表1-4所示。

表1-4 西湖区退役军人对退役军人政策的看法

选 项	人 数	比 例
A 政策充分考虑到我的实际情况,帮助很大	198	26.23%
B 政策较多考虑到我的实际情况,有一定帮助	259	34.30%
C 政策较少考虑到我的实际情况,帮助不大	183	24.24%
D 不了解这些政策	115	15.23%

本节将对相关重要政策进行梳理,选择与退役军人密切相关的要点,进行详细解读;力求覆盖退役军人退役后职业涉及的主要环节和内容,阐明核心要义,为退役军人提供一份简明而清晰的政策查询和应用指南,如表1-5所示。

表1-5 政策索引说明表

主题	文件名称	备注
移交安置	《退役军人事务部 中央军委政治工作部关于进一步规范退役士兵移交安置工作有关具体问题的通知》	
	《关于进一步加强由政府安排工作退役士兵就业安置工作的意见(退役军人部发〔2018〕27号)》	
	《中共浙江省委组织部等13部门关于做好退役军人就业创业工作的实施意见(浙人社发〔2018〕112号)》	
创业鼓励	《浙江省财政厅 国家税务总局浙江省税务局 浙江省退役军人事务厅关于落实自主就业退役士兵创业就业有关税收优惠政策的通知(浙财税政〔2019〕7号)》	
	《国家税务总局浙江省税务局 浙江省退役军人事务厅关于支持自主就业退役士兵 自主择业军队转业干部和随军家属创业就业的通知(浙税发〔2019〕27号)》	
	《浙江省军队转业干部安置工作小组等5部门关于加强我省自主择业军队转业干部管理服务工作的通知(浙转联〔2018〕1号)》	仅适用自主择业转业干部
	《中共浙江省委组织部等13部门关于做好退役军人就业创业工作的实施意见(浙人社发〔2018〕112号)》	
教育培训	《中共浙江省委组织部等13部门关于做好退役军人就业创业工作的实施意见(浙人社发〔2018〕112号)》	

续 表

主题	文件名称	备注
困难帮扶	《退役军人事务部等5部门关于加强困难退役军人帮扶援助工作的意见(退役军人部发〔2019〕62号)》	
社会保险接续	《关于进一步加强由政府安排工作退役士兵就业安置工作的意见(退役军人部发〔2018〕27号)》	
综合政策	《退役军人事务部等20部门关于加强军人军属、退役军人和其他优抚对象优待工作的意见(退役军人部发〔2020〕1号)》	

一、移交安置

1.《退役军人事务部 中央军委政治工作部关于进一步规范退役士兵移交安置工作有关具体问题的通知》(以下简称《移交安置工作通知》)

(http://tyjrswt.zj.gov.cn/art/2020/1/8/art_1643745_41622946.html)

(1)发布日期：2019年12月23日。

(2)生效日期及范围：自2019年12月23日起施行，适用于施行后退出现役的士兵。

(3)意义：《移交安置工作通知》针对当前军地在移交安置工作中的一些难点、断点问题，以及有的地方在具体工作中存在程序不严谨、服务不到位的问题，提出了解决意见，进一步压实了军地责任，增强了刚性约束，加强了业务衔接，维护了退役士兵的合法权益。

(4)亮点：《移交安置工作通知》重点对安排工作和自主就业退役士兵离队报到接收等五个具体问题进行了明确和规范，并统一了《退役士兵接收安置通知书》等六种文书式样。

(5)政策重点解读

首先，责任主体更加明确。

退役士兵工作的责任主体是安置地退役军人事务部门，对督促提醒、档案交接、"一站式"服务、办理分配手续、上岗手续等项工作负责或主导，充分发挥安置地退役军人事务部门的强大后盾作用。换言之，退役士兵在退役办理手续过程中遇到困难，都可以到退役军人事务部门，得到相应的支持和帮助。

其次，需要退役士兵特别注意的是时限。

每个环节都有规定，最长为30日，例如自主就业退役士兵和非集中移交的安排工作退役士兵应当自被批准退出现役之日起30日内，到安置地退役军人事务部门办理报到登记。一般为15个工作日，例如视为放弃安排工作待遇，就是由政府自开出安置介绍信15个工作日后。

建议退役士兵发扬早操集合的精神,尽快办理相关手续,每个环节都力争在15个工作日内完成,为自己和相关部门,尤其是退役军人事务部门留下充足的时间。

第三,退役士兵办理安排工作手续更加规范。

重点办理分配和上岗手续两个环节:对按时前来办理分配手续的退役士兵,安置地退役军人事务部门应当面开具《退役士兵安排工作介绍信》,并据实填写办理日期,按规定向接收单位移交《退役士兵安排工作登记卡》和退役士兵档案材料。退役士兵应当持《退役士兵安排工作介绍信》在规定的时间内到接收单位办理上岗手续。

接收单位应当在退役军人事务部门开出《退役士兵安排工作介绍信》1个月内安排退役士兵上岗,并在退役士兵办理上岗手续时填写《退役士兵安排工作登记卡》,加盖公章后及时回传安置地退役军人事务部门。

退役士兵在这两个环节要特别注意核对文档的准确性和时效,尤其是接收单位的回传文档,避免因文档方面的错误造成不必要的损失。

第四,安置地退役军人事务部门对退役士兵有在三个环节进行督促提醒的责任。

这三个环节分别是:报到环节、办理分配手续环节和办理上岗手续环节。

退役士兵在这三个环节收到提醒时,要特别重视,因为这往往意味着时间已经紧迫。以前没有明确这一提醒责任时,发生过多起因退役士兵粗心大意或者犹豫不决造成的后续工作延误,经济损失和机会损失都很大。

第五,由政府安排工作的退役士兵申请办理灵活就业。

选择由政府安排工作的退役士兵回到地方后又放弃安排工作待遇的,经本人申请确认后允许灵活就业,由安置地人民政府有关部门按照其所在部队选择自主就业应领取的一次性退役金和地方一次性经济补助金之和的80%,发放一次性就业补助金。

这相当于提醒退役士兵,后悔药是很贵的。因为原本要求政府安排工作后来又放弃的,会损失一次性退役金和地方一次性经济补助金之和的20%。与其白白损失这笔钱,不如将其花在买房、培训等对自己未来发展更有帮助的地方。

另外,退役士兵最好一开始就想清楚安置方式,尽量不要等到觉得安置方案不满意时才要求转换安置方式。可以参照本书中职业发展环境、职业认知等章节中的内容,退役前就综合评估安置地的经济形势、岗位待遇、自身特点等方面状况,尽早做出明智选择。

这一政策能很好地保障退役士兵的权益。比如时间选择方面,《移交安置工作通知》明确为"确认选岗前",以便给选择灵活就业退役士兵充分考虑时间。需要通过本人书面申请、签订协议书等具体环节,保障自愿选择权。

特别是在待遇兑现方面,《移交安置工作通知》强调一次性就业补助金发放原则上与年度安排工作同步完成,因资金预算等原因确须延至下一年度发放的,应当向退役士兵说明情况,并于下一年度12月底前付清。灵活就业的退役士兵可按规定享受扶持自主就业退役士兵就业创业的各项优惠政策。

另外,《移交安置工作通知》也规定了维护合法权益的方式。安置地退役军人事务部门要依法依规严格认定,切实做好报到和安排工作手续办理的事前提醒和督促,严禁擅自扩大范围和更改条件。退役士兵认为退役军人事务部门的认定工作侵犯其合法权益的,可以依法申请行政复议或提起行政诉讼。

第六,"视为放弃安置待遇"和"视为放弃安排工作待遇"的认定管理中需要注意的是时间限制。

退役士兵无正当理由不按规定时间报到超过30天的,视为放弃安置待遇。(《退役士兵安置条例》第十七条)

由政府安排工作退役士兵无正当理由自开出安置介绍信15个工作日内拒不服从安置地人民政府安排工作的,视为放弃安排工作待遇。(《退役士兵安置条例》第四十条和《关于进一步加强由政府安排工作退役士兵就业安置工作的意见》)

第七,明确退役士兵因特殊情形不能按时报到和办理安排工作手续时的处理方式。

退役士兵因突发重大疾病或者发生事故不能在规定的报到期限内到地方报到或办理安排工作手续的,根据具体情况由原部队或安置地退役军人事务部门处理,申请延期时间一般不超过30日。

2.《关于进一步加强由政府安排工作退役士兵就业安置工作的意见(退役军人部发〔2018〕27号)》(以下简称《就业安置工作意见》)

(http://www.mva.gov.cn/gongkai/zfxxzdgkml/fgzc/gfxwj/201903/t20190321_23375.html)

(1)发布日期:2018年7月27日。

(2)生效日期及范围:自2018年8月1日起施行,适用于施行后退出现役的士兵。

(3)意义:《就业安置工作意见》深刻领会习近平总书记关于退役军人工作的重要指示批示精神,"任何部门、行业和单位都不得以任何理由拒绝接收安置退役士兵"。针对有的地方在具体安置工作中存在安置质量不高、落实政策不严格的问题,《就业安置工作意见》提出了解决意见,为退役士兵未来的职业发展提供强大后盾。

(4)亮点:《就业安置工作意见》增强了安置比例等硬性指标,也提高了异地安置等的灵活性。

(5)政策重点解读

首先,明确了比例要求。

各类机关、团体、企事业单位都要严格落实中发〔2016〕24号文件要求,确保"由政府安排工作退役士兵安置到机关、事业单位和国有企业的比例不低于80%"。

国有、国有控股和国有资本占主导地位的企业,要按照本企业全系统新招录职工数量的5%核定年度接收计划,每年4月底前主动报送同级人民政府退役军人安置工作主管部门,审核通过后按计划落实。

其次,保证了就业质量。

不得提供濒临破产或生产有困难的企业岗位以及与退役士兵安置地不在同一地区(设区市)的岗位给退役士兵。中央企业岗位不计入属地提供的岗位数量。

第三,可选的安置地点更宽泛。

士兵服现役期间父母户口所在地变更的,可随父母任何一方安置。经本人申请,也可在配偶或者配偶父母任何一方户口所在地安置。

县级安置任务较重的可由市级在本行政区域内统筹安排,市级安置有困难的可由省级统筹调剂安排。

这意味着退役士兵可以更加灵活地选择安置地点。建议参照本书中职业发展环境、职业认知等章节中的内容,综合评估安置地的经济形势、岗位待遇、自身特点等方面状况,选择对自己职业发展和生活幸福最有利的安置地点。

第四,待安排工作期间享受社会保险。

退役士兵在国家规定的待安排工作期,可以享受基本医疗保险和基本养老保险。以其在军队服役最后年度的缴费工资为基数,按20%的费率缴纳基本养老保险费,其中8%作为个人缴费记入个人账户,所需费用由安置地人民政府同级财政资金安排。退役士兵在国家规定的待安排工作期间按规定参加安置地职工基本医疗保险,单位缴费部分由安置地人民政府足额缴纳,个人缴费部分由退役士兵个人缴纳。

第五,待安排工作期间可领取生活补助。

退役士兵待安排工作期间,可以按照安置地上年度最低工资标准,逐月领取生活补助,直至上岗。

第六,由接收单位及时安排上岗。

接收单位应当从所在地人民政府退役士兵安置工作主管部门开出介绍信的1个月内,安排退役士兵上岗。非因退役士兵本人原因,接收单位未按照规定安排上岗的,应当从开出介绍信的当月起,按照不低于本单位同等条件人员平均工资80%的标准,逐月发给退役士兵生活费直至上岗为止。

第七,岗位待遇更有保障。

退役士兵享受所在单位正式员工同工龄、同工种、同岗位、同级别待遇。军龄10年以上的,接收的企业应当与其签订无固定期限劳动合同,接收的事业单位应当与其签订期限不少于3年的聘用合同。

严禁以劳务派遣等形式代替接收安置。

3.《中共浙江省委组织部等13部门关于做好退役军人就业创业工作的实施意见(浙人社发[2018]112号)》

(http://tyjrswt.zj.gov.cn/art/2019/6/19/art_1643745_41586795.html)

(1)发布日期:2018年10月15日。

(2)生效日期及范围:自2018年10月15日起施行,适用于浙江省内退役军人,包括军官和士兵。

(3)意义:该意见是国家文件的加强版。结合浙江省实际情况,充分彰显了浙江省委省政府对退役军人的热情关爱。

(4)亮点:该意见对退役军人支持力度更大,范围更广。

(5)政策重点解读

首先,加大公务员招录力度。

在军队服役5年(含)以上的高校毕业生士兵退役后可以报考面向服务基层项目人员定向考录的职位,同服务基层项目人员共享公务员定向考录计划。县以下一线执法职位、乡镇(街道)专职人民武装干部职位招录,应拿出一定名额面向大学生退役士兵招录。退役残疾军人符合条件的可以报考面向残疾人的专设公务员招录职位。公安机关特警职位可面向反恐特战等退役士兵招录人民警察。

其次,鼓励事业单位聘用。

对符合政府安排工作条件的退役士兵,可由县级以上地方人民政府督导和组织事业单位(含人事管理工作纳入属地管理的上级部门所属事业单位),根据编制空余情况,拿出一定比例的岗位进行定向招聘。鼓励各地事业单位根据工作需要和岗位特点优先招聘退役士兵,对有一定军事技能和专业素质要求的岗位,可面向退役士兵招聘。

二、创业优惠政策

1.《浙江省财政厅 国家税务总局浙江省税务局 浙江省退役军人事务厅关于落实自主就业退役士兵创业就业有关税收优惠政策的通知(浙财税政[2019]7号》(以下简称《税收优惠政策通知》)

(http://tyjrswt.zj.gov.cn/art/2019/6/19/art_1643745_41586800.html)

(1)发布日期:2019年3月21日。

(2)生效日期及范围:自2019年1月1日起至2021年12月31日施行,适用于施行后浙江省内退出现役的士兵。

(3)意义:《税收优惠政策通知》及时提供了自主就业退役士兵的税收优惠,有利于他们提高创业收益,降低创业风险。

（4）亮点：浙江省按照中央授权上浮幅度的最高标准，减免自主就业退役士兵创业就业相关税费，说明其减免力度居全国第一。

（5）政策重点解读

自主就业退役士兵从事个体经营的，自办理个体工商户登记当月起，在3年（36个月）内按每户每年14400元为限额，依次扣减其当年实际应缴纳的增值税、城市维护建设税、教育费附加、地方教育附加和个人所得税。

2.《国家税务总局浙江省税务局 浙江省退役军人事务厅关于支持自主就业退役士兵 自主择业军队转业干部和随军家属创业就业的通知（浙税发〔2019〕27号）》

（http://tyjrswt.zj.gov.cn/art/2019/6/19/art_1643745_41586796.html）

该文件与上一文件同时发布，将优惠范围进一步扩大。

（1）在2021年12月31日未享受满3年的，可继续享受至3年期满为止。以前年度已享受退役军人创业就业税收优惠政策未满3年且符合规定条件的，可按最新限额标准享受优惠至3年期满。

这一政策保证无论在减免期间何时申请，都能享受整整3年的优惠。

（2）退役士兵按照《退役士兵安置条例》取得的一次性退役金以及地方政府发放的一次性经济补助收入，免征个人所得税。

这也是政府给退役士兵发的大红包，最高可多得几万元。相对于稿酬所得适用20%的比例税率，退役金和经济补助免征个人所得税后归属退役士兵的收益更大。

（3）从事个体经营的自主择业军队转业干部，自领取加载统一社会信用代码的营业执照之日起，其提供的应税服务3年内免征增值税。

享受上述优惠政策的自主择业军队转业干部必须持有师以上部队颁发的转业证件。

（4）持有《中华人民共和国残疾军人证（1至8级）》的个人提供的加工、修理修配劳务，为社会提供的应税服务，免征增值税。

这是企业层面的减税，保证企业有更高的利润。

（5）持有《中华人民共和国残疾军人证（1至8级）》的个人取得的劳动所得，按照《关于残疾、孤老人员和烈属减征个人所得税有关政策的通知》（浙财税政〔2017〕36号）规定减征个人所得税。

这是个人层面的减税，保证退役军人有更高的收入。

3.《浙江省军队转业干部安置工作小组等5部门关于加强我省自主择业军队转业干部管理服务工作的通知（浙转联〔2018〕1号）》

（1）发布日期：2018年6月1日。

（http://tyjrswt.zj.gov.cn/art/2019/6/19/art_1643745_41586799.html）

（2）该文件中对浙江省自主择业军队转业干部，专门出台了创业扶持政策。

首先，可以享受创业担保贷款。

对创办个体工商户（含经认定的网络创业）或企业的，给予不超过30万元的创业担保贷款（创办企业的可适当提高），并给予不超过3年的全额贴息。

其次，可以享受带动就业补贴。

对创办个体工商户或企业带动3人就业，并依法缴纳社会保险费1年以上的，给予每年2000元的带动就业补贴；带动超过3人就业的，每增加1人再给予1000元补贴，每年总额不超过2万元，补贴期限不超过3年（从事农村电子商务创业的，补贴标准上浮20%）。

这两条政策，可以解决自主择业军队转业干部创业启动资金的困难，也为创业带动其他人就业提供了更多补贴，有利于前期创业的顺利进行。

4.《中共浙江省委组织部等13部门关于做好退役军人就业创业工作的实施意见（浙人社发［2018］112号）》

首先，提供创业融资支持。

退役军人初次创业的，经审核，可申请不超过30万元的贷款；合伙经营或创办企业的，可适当提高贷款额度，并可享受全额贴息。予以贴息的利率在基础利率的基础上可最高上浮3个百分点，期限不超过3年。

其次，给予创业资金补贴。

退役军人初次创业的，经认定可给予一次性创业补贴。退役军人初次创办个体工商户或企业带动3人就业并依法缴纳社会保险费1年以上的，给予每年2000元的带动就业补贴；带动超过3人就业的，每增加1人再给予1000元补贴，每年总额不超过2万元，补贴期限不超过3年。

三、教育培训

1.《中共浙江省委组织部等13部门关于做好退役军人就业创业工作的实施意见（浙人社发［2018］112号）》

首先，推行终身职业技能培训。

对下岗失业退役军人，及时纳入失业人员职业技能培训范围，取得职业资格证书或职业技能等级证书、专项职业能力证书的，按规定给予培训、鉴定补贴。

其次，享受技能提升补贴。

退役军人在企业就业，依法参加失业保险，累计缴纳失业保险费36个月（含）以上，取得初级（五级）、中级（四级）、高级（三级）职业资格证书或职业技能等级证书的，可按规定享受技能提升补贴。由于浙江省对于技能人才的高度重视，人才可以享受每月至少300元的技能提升补贴。

第三,鼓励参加学历教育。

退役军人参加全国普通高考、成人高考、研究生考试,符合条件的可享受加分照顾,同等条件下优先录取。

成人高校招生专升本免试入学,服役期间立二等功以上且符合报考条件的,可申请免初试攻读硕士研究生。

退役军人接受中等职业教育可实行免试入学,中等职业教育期间,按规定享受免学费和国家助学金资助;对退役一年以上、参加全国统一高考,考入全日制普通本科和高专高职学校的自主就业退役军人,学历教育期间按规定享受学费资助和相关奖助学金资助,家庭经济困难退役军人享受学生生活费补助。

四、困难帮扶

1.《退役军人事务部等5部门关于加强困难退役军人帮扶援助工作的意见(退役军人部发〔2019〕62号)》(以下简称《帮扶援助工作意见》)

(http://tyjrswt.zj.gov.cn/art/2019/10/21/art_1643745_41622943.html)

(1)发布日期:2019年10月9日。

(2)意义:相当于困难退役军人的"特别加强版",进一步证明党中央和政府对退役军人的厚爱。

(3)生效日期及范围:自2019年10月9日起施行,适用于符合条件的困难退役军人。

(4)政策要点解读

首先,《帮扶援助工作意见》规定了五种可申请帮扶援助的情形。

"三属"在充分享受社会救助政策的同时,对因以下五种情形导致生活陷入困境的,根据困难程度和现实表现,可以按规定申请帮扶援助。

第一,退役军人因服役期间致残或因患有严重疾病等原因造成退役后本人就业困难,医疗和康复等必需支出突然增加超出家庭承受能力,导致生活出现严重困难的;

第二,退役军人因服役时间长、市场就业能力弱等原因造成长期失业或突然下岗,导致生活出现严重困难的;

第三,退役军人因旧伤复发、残情病情加重等原因,导致生活出现严重困难的;

第四,退役军人、"三属"等因火灾水灾、交通事故、重大疾病、人身伤害、见义勇为等突发事件,导致生活出现严重困难的;

第五,遭遇其他特殊情况导致生活出现严重困难的。

其次,规范了办理程序。

第一道程序是个人申请。一般由符合条件的对象本人书面向所在乡镇人民政府(街道办事处)退役军人服务站提出申请。没有单独建立服务站的,可向负责退役军人工作的工作人员提出申请。本人因行动不便、精神障碍等原因不能自行申请的,其监护人、家属、所在村(居)可代为提出申请。申请时应当按规定如实提交相关资料。无正当理由,申请人不得因同一事由重复提出申请。

后续由乡镇(街道)审核、县级审批。县级人民政府退役军人事务部门受理后,可委托县级退役军人服务中心开展信息核实等工作,并应当及时作出审批决定,不予批准的应当书面说明理由。

申请人无正当理由以同一事由重复申请的,不予批准。申请人对审批结果有异议的,可向县级人民政府或上一级人民政府退役军人事务部门申请复核。

遇有紧急情况,各相关单位应当先行帮扶援助再按规定补齐审核审批手续。

最后,坚持依法援助。

对骗取帮扶援助的,应当追回已享受的相应待遇;情节严重的,依法依规追究相关责任。对违法犯罪被追究刑事责任的,因不当行为被纳入失信联合惩戒对象名单的,组织煽动、串联聚集、缠访闹访、滞留滋事、网上恶意炒作或造谣、多次参加聚集上访的,不支持不配合管理服务工作造成恶劣影响的,以及有其他违法违纪情形的人员,不予帮扶援助。

因此,退役军人应当继续保持革命本色,争当遵纪守法的表率,避免因违纪违法行为而失去享受党和政府帮扶政策的机会。

五、社会保险接续

1.《关于进一步加强由政府安排工作退役士兵就业安置工作的意见(退役军人部发[2018]27号)》(以下简称《就业安置工作意见》)

(1)发布日期:2018年7月27日。

(2)生效日期及范围:自2018年8月1日起施行,适用于施行后退出现役的士兵。

(3)意义:《意见》重点解决退役士兵的社会保险的接续问题,为退役士兵顺利与社会接轨、专心职业发展提供了有力保障。

(4)亮点:《意见》明确了相关部门和退役士兵的责任和比例。

(5)政策重点解读

退役士兵在国家规定的待安排工作期,以其在军队服役最后年度的缴费工资为基数,按20%的费率缴纳基本养老保险费,其中8%作为个人缴费记入个人账户,所需费用由安置地人民政府同级财政资金安排。

这一条规定得非常明确,养老保险的这部分费用,都不需要退役士兵个人负担。

退役士兵在国家规定的待安排工作期,按规定参加安置地职工基本医疗保险,单位缴费部分由安置地人民政府足额缴纳,个人缴费部分由退役士兵个人缴纳,军地相关部门协同做好保险关系接续,确保待遇连续享受。

这一条划分得非常清楚,医疗保险的这部分费用,退役士兵只负担个人部分。

2.《浙江省退役军人事务厅关于做好我省部分退役士兵社会保险接续工作的实施意见》

(http://tyjrswt.zj.gov.cn/art/2019/10/16/art_1643745_41586802.html)

(1)发布日期:2019年10月16日。

(2)适用对象:2011年退役军人安置改革以前退役的志愿兵(士官)和城镇义务兵等人员,应由政府安排工作,但因为种种原因没有稳定就业和稳定收入来源,因此在退役后至2019年1月21日前出现了基本养老保险、基本医疗保险未参保或断保问题。

六、综合政策

《退役军人事务部等20部门关于加强军人军属、退役军人和其他优抚对象优待工作的意见(退役军人部发〔2020〕1号)》(以下简称《优待工作意见》)

(http://www.mva.gov.cn/gongkai/zfxxzdgkml/fgzc/gfxwj/202001/t20200114_34670.html)

(1)发布日期:2020年1月9日。

(2)生效日期及范围:自2020年8月1日起施行,适用于退役军人和其他对象。

(3)意义:认真贯彻落实习近平总书记关于退役军人工作重要论述精神,扎实做好优待工作,努力让优抚对象受到全社会尊重,让军人成为全社会尊崇的职业。为今后一个时期的优待工作提供了依据和方向,为地方逐步拓展优待领域、丰富优待内容留下一定空间。

(4)亮点:《优待工作意见》涉及范围更加广泛,涵盖了退役军人关注的重要问题。更加注重精神褒扬和激励,强调与贡献匹配的优待得到体现。

《优待工作意见》提出一系列创新举措。例如:在荣誉激励方面,将服现役期间荣获个人二等功以上奖励的退役军人名录载入地方志;在医疗方面,明确本地区医疗优待定点服务机构,开通优先窗口,提供优先服务;优抚医院对部分优抚对象免收相关费用,提供优惠体检。

(5)政策重点解读

健全管理机制,对建立优待证制度、明确优待目录和完善奖惩措施均提出了明确要求。

规范优待内容,对荣誉激励、生活、养老、医疗、住房、教育、文化交通、法律服务、银行服务等方面的优待事项做出了明确规定,如表1-6所示。

表1-6 退役军人基本优待目录清单

荣誉激励	(1)为其家庭悬挂光荣牌
	(2)发春节慰问信
	(3)邀请优秀退役军人代表参加国家和地方重要庆典和纪念活动
	(4)服现役期间荣获个人二等功以上奖励的退役军人,其名录载入地方志
	(5)优先聘请优秀退役军人担任编外辅导员、讲解员等
	(6)倡导利用大型集会、赛事播报,航班、车船及机场、车站、码头的广播视频等载体和形式,宣传退役军人中优秀典型的先进事迹
生活	(7)调整定期抚恤补助标准时,适当向贡献大的优抚对象倾斜
	(8)符合帮扶援助条件的,按规定享受
养老	(9)鼓励各级各类养老机构优先接收,提供适度优惠服务
	(10)国家兴办的光荣院、优抚医院,对鳏寡孤独的退役军人实行集中供养,对常年患病卧床、生活不能自理的,优先提供服务并按规定减免相关费用
	(11)生活长期不能自理且纳入当地最低生活保障范围的老年对象,地方根据失能程度等情况优先给予护理补贴
医疗	(12)本地区医疗优待定点服务机构,为老复员军人、参战参试退役军人、带病回乡退伍军人开通优先窗口,提供普通门诊优先挂号、取药、缴费、检查、住院服务
	(13)优抚医院为老复员军人、参战参试退役军人、带病回乡退伍军人提供免收普通门诊挂号费和优先就诊、检查、住院等服务
	(14)组织优抚医院为老复员军人、参战参试退役军人、带病回乡退伍军人优惠体检
	(15)伤病残、老龄的,各级各类地方医疗机构优先提供家庭医生签约和健康教育、慢性病管理等基本公共卫生服务
住房	(16)在审查是否符合购买当地保障性住房或租住公租房条件时,抚恤、补助和优待金、护理费不计入个人和家庭收入
	(17)符合当地住房保障条件的,在公租房保障中优先予以解决
	(18)对符合条件并享受国家定期抚恤补助的,租住公租房可给予适当租金补助或者减免
	(19)居住农村且符合条件的,同等条件下优先纳入国家或地方实施的农村危房改造相关项目范围

续　表

教育	（20）退役军人按规定免费参加教育培训
	（21）符合条件的退役大学生士兵，实施复学、调整专业、攻读研究生等优待政策
法律服务	（22）法律服务机构优先提供法律服务，法律援助机构依法提供免费的法律服务
银行服务	（23）鼓励银行提供优先办理业务，免收卡工本费、卡年费、小额账户管理费、跨行转账费，以及其他个性化专属金融优惠服务
文化娱乐	（24）鼓励影（剧）院提供减免入场票价等优惠服务

第四节 政府专项服务

为了更好地帮助退役军人实现从军营向社会的回归和融入，各级政府除了制定了上述各项优惠政策，还专门提供了相应的专项服务。浙江省在这方面发挥了很好的示范作用。

一、就业创业帮扶服务

《中共浙江省委全面深化改革委员会办公室、浙江省最多跑一次改革办公室、浙江省退役军人事务厅、浙江省军区动员局、浙江省军区政治工作局关于开展退役军人全生命周期服务管理工作试点的通知（浙退役军人厅发〔2020〕19号）》

（1）发布日期：2020年4月20日。

（2）意义：更好地贯彻落实省委十四届六次全会和全省退役军人工作会议精神，深化退役军人事务领域"最多跑一次"改革、政府数字化转型和政务服务2.0建设工作，在全省开展退役军人全生命周期服务管理工作试点，推出了《浙江省退役军人全生命周期办理事项目录（试行）》。

（3）亮点：将军人从服役到退役全生命周期的重要时间节点和事务，全部列出，并指定了责任部门。将"最多跑一次"改革在退役军人服务领域全面深化，极大节省了退役军人的时间和精力。

就业帮扶"一件事"。由人力资源和社会保障部门、退役军人事务部门联合，共同进行就业信息推送和组织专场招聘会。这种形式针对性更强，效果更好。

创业帮扶"一件事"。相应的事项较多，因此以表格方式呈现，如表1-7所示。

表 1-7

办理事项名称	参与部门	备注
自主就业退役士兵从事个体经营享受税收减免政策	税务部门、退役军人事务部门	
个体工商户、自由职业者住房公积金缴存登记	城乡建设部门、退役军人事务部门	有利于买房时获得住房公积金贷款
灵活就业人员社会保险费缴费信息登记	人力社保部门、退役军人事务部门	
创业担保贷款贴息	人力社保部门、财政部门、退役军人事务部门	贴息能够减轻贷款压力
创业税费减免	税务部门、退役军人事务部门	
毕业5年内大学生士兵创业无偿资助	人力社保部门、财政部门、退役军人事务部门	不需要偿还
军人贷、军人担办理	金融监管部门、退役军人事务部门	为军人办理贷款和担保提供便利

二、线上就业创业服务平台

对西湖区755名退役军人的调查显示,仅有超过1/2的退役军人了解与退役军人有关的线上就业服务平台,其中不足1/4的退役军人已开始使用这些平台。值得注意的是,将近一半的退役军人认为平台用处不大或者根本没听说过。这说明,还需要进一步对退役军人进行宣传和普及。具体数据如表1-8所示。

表1-8 西湖区退役军人对线上就业创业服务平台的看法

选项	人数	比例
A 了解几个平台,已开始使用	174	23.05%
B 听说过某些平台,准备尝试使用	240	31.79%
C 听说过某些平台,觉得没多大用	183	24.24%
D 没听说过,或者不关心这事	158	20.93%

1. 主要平台及功能

方式一：直接进入浙江省就业创业服务系统（http://www.zjjy.gov.cn/page/regsiter/downing.html）

方式二：在浙江政务服务网查找（http://www.zjzwfw.gov.cn）

浙江政务服务网是全省统一的政务服务门户，几乎所有政府部门事项均可在此找到。

进入后，在屏幕上方中间的搜索栏中输入"就业创业服务"关键字，相关部门的信息和查询结果就会出现。例如，会出现"杭州就业创业服务大厅"，点击链接进入即可。

在搜索结果列表中，也会有区县级别的可办事项。例如，有"余杭区企业吸纳就业创业担保贷款资格认定"事项，右边同时列出"办事地点""办事指南""在线办理"三个按钮，方便直接寻找相关规定和办理。

方式三：在所在地区政务网站查找

各地政策会有不同的针对对象和力度，因此对于扎根于当地的就业创业事项，可直接在所在地区政务网站查找。

2. 注意事项

浙江省"最多跑一次改革"效果显著，大量与居民事务相关的文档已经电子化并存储在政务云上，查阅、调取、核对非常方便快捷。因此，从前居民到政府办事需要自己准备的文档和复印件，现在很多已经不需要了，甚至只要一张身份证就能办理大多业务。

但是，退役军人在线办理就业创业事务时，最好提前将所有证件用手机拍照，在手机中单独建立一个文件夹来保存这些照片。原因是在用手机办理业务时，很多文档仍然需要上传照片。同时，最好为这些文档在电脑中也建立一个备份，以防万一。

另外一个经常被忽视的问题是，在线办理业务之前，一定要看网站上关于使用哪种浏览器及版本的提醒。如果浏览器不合乎要求，很可能发生莫名其妙的信息丢失、页面混乱等问题，严重误事。

参 考 文 献

[1] 邱海峰. 中国经济长期向好趋势未变[EB/OL]. (2020-04-18) [2020-04-25]. http://finance.people.com.cn/n1/2020/0418/c1004-31678548.html.

[2] 李平,孙世芳,娄峰,等. 2020 中国经济趋势报告[N/OL]. 经济日报,2020-01-15 [2020-04-06]. http://paper.ce.cn/jjrb/html/2020-01/15/node_12.htm.

[3] 裴长洪. 中国经济向高质量发展的十大变化趋势[N/OL]. 经济日报,2019-07-27 [2020-05-01]. http://paper.ce.cn/jjrb/html/2019-07/27/node_2.htm.

[4] 夏旭田,李振,梁宇芳,等.国家首次官宣"新基建"范围：三大方面，七大领域全曝光！

信息量太大[N/OL].21世纪经济报道,2020-04-20[2020-05-06]. http://epaper.21jingji.com/?appDate=2020-04-20.

[5]江南春.中产阶级爱美爱玩爱健康 怕老怕死怕孤独[EB/OL].(2020-01-01)[2020-03-28]. https://finance.ifeng.com/c/7ssLPUEaeNE.

推荐阅读资料

1. 陆铭,《大国大城——当代中国的统一、发展与平衡》,上海人民出版社,2016年
2. 童大焕,《穷思维富思维》,东方出版社,2012年
3. 财上海,《菜场经济学》,中国友谊出版公司,2016年
4. 刘煜辉,利率上升阻碍不了国运绵长,财新网,http://opinion.caixin.com/2017-12-08/101182495.html.

思考与练习

1. 回顾一下你生活或工作过的地方,你最愿意在哪里工作?列出三到五个理由。
2. 想一想,你最希望进入哪个行业?理由是什么?可以和已经退役的前辈、好友等共同讨论,或者请教你的父母、老师或其他长辈。

第二章

退役军人自我职业认知

引 言

在了解了退役军人职业发展的环境与政策之后,毕俊营觉得眼前的迷雾好像散开了一些,模模糊糊看到前方的一点亮光,那是不是现在就可以去找工作了呢?可到底找什么样的工作呢?

他带着这样的疑问,又来问丁新成:"接下来我是不是可以去看看招聘网站了啊?"

丁新成看了他一眼,说:"那你说说,你有目标吗?"

毕俊营有点困惑,挠挠头说:"目标啊……我也不知道应该找什么工作啊!招聘网站的信息那么多,都看花眼了……"

丁新成问道:"你知道自己想做什么样的工作吗?"

毕俊营摇摇头。

"那你知道自己喜欢什么样的工作吗?"

毕俊营想了想,摇摇头,问:"兴趣爱好算吗?兴趣爱好能当饭吃吗?"自己倒是有些兴趣爱好,可是这些与工作有什么关系呢?

"最后一个问题,你具备哪些工作的能力呢?"丁新成又抛出一个问题。

"能力啊……好像隐约知道一些,但是又说不清……"毕俊营彻底无语了。

"你看看,"丁新成说,"其实找工作之前,要透彻清晰地了解自己,这样才能做好职业定位……"

毕俊营这才意识到原来在自我认知的方面自己还是很茫然,不禁有点抱怨:"谁又能真的了解自己啊?"

丁新成安慰他说:"其实,很多人职场发展不顺利,主要原因就是自己不了解自己,所以要先把自己弄清楚。要弄清自己,还是有很多方法和工具的……"

要了解自己,可以先从自己希望做什么、喜欢做什么、适合做什么以及能够做什么方面入手,系统地梳理一下个人特质。

第一节　我希望做什么——价值观认知

丁新成帮助毕俊营制订了梳理个人特质的流程,第一步,可以从自己希望做什么开始入手。

一、价值观概述

1. 价值观的含义

丁新成问了毕俊营一个问题："你想找一个什么样的工作？"毕俊营不假思索地回答："当然是一份好工作了！""那么什么是你眼中的'好'？""……"这个别有深意的问题让毕俊营陷入了沉思。

在进行职业选择的时候，首先可以从自己希望做什么开始入手，即考虑自己的价值观。

价值观就是那些对自己来说最重要的、最不能放弃的东西，是你能够从工作中所感到满意的程度，是人们在生活和工作中所看重的原则、标准或品质。价值观代表了人们最基本的信念，反映出一个人对于正确或者错误、好或坏、可取或不可取的看法与观念，比如：和平、快乐、诚实、公平等。

影响价值观形成的因素很多，其中很大一部分价值观在我们年少时已经形成。我们的父母家人、我们的朋友和邻居、我们的学校老师与教育经历，甚至我们的民族与文化传统等，这些都能影响一个人价值观的形成。

2. 价值观的重要性

1860年，南丁·格尔用政府奖励的4000多英镑，在英国圣多马医院创建了世界上第一所正规的护士学校。随后，她又创办了助产士及经济贫困的医院护士学校。她在创办的护士学校中，秉承专业、勤勉、助人的价值观，坚持自己的育人原则，希望她的学生们绝对忠诚并热心于专业护理工作、勤勉且符合道德规范。南丁·格尔被誉为现代护理教育的奠基人。

在个人的职业生活中，如果能按照自己的职业价值观进行选择，你就会觉得工作是一种乐趣，你会觉得"做这份工作，我觉得很有意义"，就像南丁·格尔创办护士学校的事业；反之，如果你的工作不符合你的职业价值观，你就会觉得工作烦躁、单调、没有成就感。

所以对毕俊营来说，在确定职业选择前，先要弄清楚自己的职业价值观是什么。如果他能弄清什么对自己是最重要的，就能够对自己职业决策的取舍有更加清醒的认识，能够做出符合内心期望的选择。

二、价值观的分类

1. 罗克奇的职业价值观类型

在价值观类型中,有代表性的是米尔敦·罗克奇(Milton Rokeach)的研究,他所编制的价值观调查问卷包括了两种价值观类型:一种称为终极价值观,指的是理想的终极存在状态,即一个人愿意用一生去实现的目标;另一种称为工具价值观,指的是一个人更偏好的行动和行为方式或实现终极价值观的手段。具体内容如表2-1所示。

表2-1 罗克奇价值观分类

终极价值观	工具价值观
舒适的生活(富足的生活)	雄心勃勃(辛勤工作、奋发向上)
振奋的生活(刺激的、积极的生活)	心胸开阔(头脑开放)
成就感(持续的贡献)	能干(有能力、有效率)
和平的世界(没有冲突和战争)	欢乐(轻松、愉快)
美丽的世界(艺术和自然之美)	清洁(卫生、整洁)
平等(手足之情、机会均等)	使人鼓舞(坚持自己的信仰)
家庭安全(照顾自己所爱的人)	宽容(谅解他人)
自由(独立、自由选择)	助人为乐(为他人的幸福安康着想)
幸福(满足)	正直(真挚、诚实)
内心的和谐(没有内心冲突)	富于想象(勇敢、有创造性)
成熟的爱(性和精神上的亲密)	独立(自力更生、自给自足)
国家的安全(免受攻击)	富有知识(有知识、善思考)
快乐(享受的、闲暇的生活)	合乎逻辑(理性的、稳定的)
救世(得救的、永恒的生活)	博爱(充满感情的、温柔的)
自尊(自爱)	顺从(有责任感、可敬的)
社会承认(尊重、赞赏)	礼貌(彬彬有礼的、有修养的)
真挚的友谊(亲密关系)	负责(可靠的、值得信赖的)
睿智(对生活有成熟的理解)	自我控制(自律的、约束的)

毕俊营看了看上面的表格,回忆起自己小时候特别喜欢学着解放军叔叔拿着小手枪带领小伙伴们玩"抓敌人"的游戏。慢慢长大了,虽然游戏不玩了,但是"保家卫国"的信念就像一粒小小的火种,埋在少年的心头。最后自己决定参军,初衷之一就是为世界和平做出贡献。看来,这些终极价值观是毕俊营从小就形成了的。

至于平时行为特点方面,战友和领导以及以前的同学对自己都有较为一致的评价:自己为人大度,乐于助人,一身正气,自律性强。毕俊营想起了自己的一个"高光时刻":在家附近的菜市场里帮老奶奶抓过偷钱包的小偷,还因此受到了社区的表扬。对照上表中的工具价值观的内容,毕俊营自己的特质与心胸开阔、助人为乐、正直等内容相符合。

2. 职业锚理论

1975年,美国著名的职业生涯管理研究者、美国麻省理工学院斯隆管理学院教授、哈佛大学社会心理学博士埃德加·施恩(Edgar Schein)教授在其所著的《职业的有效管理》一书中率先提出了职业锚理论。

施恩认为职业锚来自个人基本的自我认知,并最终成为各个职业发展阶段不可替代的东西。他提出八种职业锚模式:

(1)技术/职能型职业锚

这种定位的人会发现自己对某一特定类型的工作很擅长并且很热衷。真正让他们感到自豪的是他们所具备的专业才能。说到底是靠专业技能吃饭。他们一般不喜欢成为全面的管理人员。比如公司的技术专家。

(2)管理型职业锚

这种定位的人对管理本身具有很大的兴趣,具有成为管理人员的强烈愿望,并将此看作职业进步的标准。他们有提升到全面管理职位上所需要的相关能力,并希望自己的职位不断得到提升,这样他们可以承担更大的责任。比如希望在管理职位上一路晋升的管理者。

(3)自主/独立型职业锚

这种定位的人追求自主和独立,不愿意接受别人的约束,也不愿受程序、工作时间以及各种标准规范的制约。他们希望能用自己的方式、工作习惯、时间进度和自己的标准来完成工作。比如现在流行的自由职业者、自媒体人等。

(4)安全/稳定型职业锚

安全与稳定是这种类型的人选择职业最基本、最重要的需求。他们需要"把握自己的发展",只有在职业的发展可以预测、可以达到或实现的时候,他们才会真正感觉放松。比如愿意考国家公务员/事业单位的人或愿意去大型国企的人。

(5)创造/创业型职业锚

对于这种定位的人来说,最重要的是建立或设计某种完全属于自己的东西,建立或投资新的公司等。创造并不仅仅是发明家或艺术家所做的事,创业者也需要创造的激情和动力。比如愿意设计新产品和想创业的人。

(6)服务/奉献型职业锚

这种定位的人希望职业能够体现个人价值观,他们关注工作带来的价值,而不在意是否能发挥自己的才能或能力。他们的职业决策通常基于能否让世界变得更加美好。比如从事公益活动或者开办社会型企业的人。

(7)挑战型职业锚

这种定位的人认为他们可以征服任何事情或任何人,并将成功定义为"克服不可能的障碍,解决不可能解决的事情,或战胜非常强硬的对手"。随着自己的进步,他们喜欢寻找越来越强硬的"挑战",希望在工作中面临越来越艰巨的任务。比如愿意一步步攻克技术难关的人。

(8)生活型职业锚

这种定位的人喜欢允许他们平衡并结合个人的需要、家庭的需要和职业的需要的工作环境。他们希望将生活的各个主要方面整合为一个整体,甚至可以为了家庭生活牺牲他们职业的一些方面。比如强调生活与工作相平衡或者非常重视家庭生活的人。

丁新成让毕俊营自己评估一下,毕俊营看了看上面的内容,觉得技术/职能型职业锚最符合自己的情况。为什么呢？自己从小是"破坏王",家里的闹钟、小收音机等都被自己拆过无数遍,当然后来自己长大了,也学会了装回去。自己动手能力很强,所以在化学课堂上做实验是自己最喜欢的体验之一。自己在高中还组建了一个木工社团,自己任"团长"。

从小到大自己除了是"破坏王",还是一个"孩子王",小小年纪,已经能够"领导"一群孩子玩来玩去。自己在朋友中威信很高,这么看,似乎管理型职业锚也适合。

三、价值观的澄清

价值观的探索是一个复杂的过程,需要不断地澄清,所以在考虑价值观的时候,并不是评判价值观的对错,而是考虑价值观对自己的影响。

1966年,拉茨(Raths)、西蒙(Simon)和哈明(Harmin)确定了价值观澄清的七个问题,并将其分为三个阶段。

1. 选择

(1)它是你自由选择的,没有来自任何人或任何方面的压力吗？

(2)它是从众多的价值观中挑选出来的吗？

(3)它是在你思考了所做选择的结果后被挑选出来的吗？

2. 珍视

(1)你是否珍爱你的价值观,或者为你的选择感到自豪？

(2)你愿意公开向其他人承认你的价值观吗？

3. 行动

(1)你的行动是否与你选择的价值观一致？

(2)你是否始终如一地根据你的价值观来行动？

毕俊营看了这七个问题之后觉得自己的回答大部分是肯定的,只有少数是否定的,所以还是要重新确定什么对自己是最重要的。

第二节 我喜欢做什么——兴趣认知

毕俊营在了解了自己的职业价值观之后，对研究自己着了迷，他又请教丁新成，询问关于自己兴趣的问题。

一、兴趣概述

1. 兴趣的含义

在进行职业选择的时候，要考虑的第二个重要因素是职业兴趣。在了解职业兴趣之前，首先来看看什么是兴趣。

兴趣是指力求认识某种事物或从事某项活动的心理倾向。兴趣以需要为基础，由对事物的认识和获得在情绪体验上得到满足而产生。有对事物或活动本身感兴趣的直接兴趣和对活动结果感兴趣的间接兴趣。

职业生涯研究学者罗伯特·里尔登等人认为兴趣是人们为从中获得乐趣而做之事，即兴趣一般是指任何能唤起你的注意、好奇心或者投入的事物。你愿意为了兴趣而放弃其他一些事物。可见，兴趣会引发人们的乐趣，也是人们做事的动力。

那么，兴趣与职业兴趣有什么关联呢？事实上，研究发现，几乎所有的兴趣都与一个人的职业生涯有某种关系，因此，兴趣是一个人寻求未来可能从事的职业的一种方法。

2. 兴趣有多重要

著名实验物理学家丁肇中在大学期间刻苦读书，把全部精力都投入到学业中去。有人问他："这样刻苦攻读，你不觉得苦吗？"丁肇中笑着答道："不，不，不，一点也不，没有任何人强迫我这样做。正相反，我觉得很快乐，因为我有兴趣，我急于要探究秘密。"正因为如此，丁肇中以优异成绩毕业，并被留在普林斯顿大学从事研究工作。后来，他又成为哥伦比亚大学助理研究员，因发现了J粒子而获得诺贝尔物理学奖。

因此，兴趣是最好的老师。

当你对某个事物或活动产生兴趣的时候，你会觉得做这件事很有乐趣，你就愿意为此付出更多的时间和精力，甚至可能到废寝忘食的程度。反之，如果你对这件事不感兴趣，那么勉强自己去接触的结果可能是你会觉得这件事非常枯燥无趣，甚至会产生抵触心理。这就是兴趣对一个人所做事情的驱动作用。

如果一个擅长动手操作工作的人,面对的工作是理论研究,他会觉得自己没有用武之地;相反,如果他面对的就是操作类的工作,他就会充满工作热情。所以,为了职业发展与职业成功,我们要尽量考虑到自己的兴趣。

当然,工作世界的职业千千万万,自己的兴趣一定能得到满足吗?的确,从现实情况来看,的确没有办法让人人做到"爱一行,干一行",甚至很多时候是"干一行,爱一行",即人们在工作中通过实践慢慢培养对职业的兴趣。所以在进行职业选择时,要综合考虑各种因素,做到兴趣与职业适度统一,而不需要强求百分百一致。

所以,对于毕俊营来说,在职业选择中,要考虑兴趣与职业的天然联系,如果他能找到感兴趣的工作,做起来就会如鱼得水,游刃有余。

二、霍兰德职业兴趣类型

事实上,每个人都可以说出自己的多种兴趣,而这些兴趣的类别也非常复杂。要想在职业选择中考虑兴趣问题,就需要将多种兴趣进行一个分类。

那么自己都喜欢做什么呢?

提到兴趣,毕俊营开始回忆自己的日常生活。

丁新成说:"其实这里有个简单的测试,叫作'兴趣岛测验'。"接着发给了毕俊营下面这道题:

先来做个小测试:

恭喜你!你获得了一次免费度假游的机会,有机会去下列六个岛屿中的一个。唯一的要求是你必须要在这个岛上待满至少半年时间,请仅凭自己的兴趣按一、二、三的顺序挑出你最想去的三个岛屿。

☐ R岛

自然原始的岛屿。岛上保留有热带的原始森林,自然生态保持得很好,有各种各样的野生动物。岛上居民生活状态还相当原始,他们以手工见长,自己种植花果蔬菜、修缮房屋、打造器物、制作工具,喜欢户外运动。

☐ I岛

深思冥想的岛屿。岛上人迹较少,建筑物多僻处一隅,平畴绿野,适合夜观星象。岛上有多处天文馆、自然科学博物馆以及科学图书馆等。岛上居民喜好观察、学习、探究、分析,崇尚和追求真知,常有机会并且喜欢与来自各地的哲学家、科学家、心理学家等交换心得。

☐ A岛

美丽浪漫的岛屿。岛上遍布美术馆、音乐厅,街头雕塑和街边艺人,弥漫着浓厚的艺术文化气息。当地的居民很有艺术、创新能力,他们保留了传统的舞蹈、音乐与绘画,许多文艺界的朋友都喜欢来这里找寻灵感。

☐ S岛

友善亲切的岛屿。岛上居民个性温和、十分友善、乐于助人,社区均自成一个个密切互动的服务网络,人们重视互助合作,重视教育,关怀他人,充满人文气息。

☐ E岛

显赫富庶的岛屿。岛上的居民善于企业经营和贸易,能言善道,以口才见长。岛上的经济高度发展,处处是高级饭店、俱乐部、高尔夫球场,来往者多是企业家、经理人、政治家、律师等,曾数次在这里召开财富论坛和其他行业巅峰会议。

☐ C岛

现代化、井然有序的岛屿。岛上建筑十分现代化,是进步的都市形态,以完善的户政管理、地政管理、金融管理见长,岛民个性冷静保守,处事有条不紊,善于组织规划,细心高效。

丁新成请毕俊营选择出自己最有兴趣的前三个岛屿,把字母的代码写下来。毕俊营思考之后,发现R、I、E岛屿的描述最吸引自己。可这三个字母又代表了什么呢?

接下来丁新成为毕俊营介绍了著名的霍兰德兴趣类型。

20世纪70年代初,约翰·霍兰德提出,兴趣是人格的另一种描述方法,也是将人与职业进行匹配的依据。他提出以下四个基本假设:

(1)大多数人可以被归为RIASEC类型中的一类,这六种类型分别是实用型(R)、研究型(I)、艺术型(A)、社会型(S)、企业型(E)、事务型(C),具体内容如表2-2所示,这种分类方法也是心理学中常见的方法。每个人的兴趣是这六种类型的不同组合,通常会有某一种类型占据较大的部分。

表2-2 霍兰德职业兴趣类型

类 型	喜欢的活动	重 视	职业环境要求	典型职业
实用型R(Realistic)	用手、工具、机器制造或修理东西。愿意从事实物性的工作、体力活动,喜欢户外活动或操作,而不喜欢在办公室里工作	具体实际的事物,诚实,有常识	使用手工或机械技能对物体、工具、机器等进行操作,与事物一起"工作"的能力比与人打交道的能力更为重要	园艺师、木匠、汽车修理工、工程师、军官、兽医、足球教练员

续　表

类　型	喜欢的活动	重　视	职业环境要求	典型职业
研究型 I （Investigative）	喜欢探索和理解事物，喜欢学习研究那些需要分析、思考的抽象问题，喜欢阅读和讨论有关科学的论题，喜欢独立工作，对未知问题的挑战充满兴趣	知识，学习，成就，独立	分析研究问题、运用复杂和抽象的思考创造性地解决问题的能力，谨慎缜密，能运用智慧独立地工作，有一定的写作能力	实验室工作人员、生物学家、化学家、心理学家、工程设计师、大学教授
艺术型 A （Artistic）	喜欢自我表达，喜欢文学、艺术等具有创造性、变化性的工作，重视作品的原创性和创意	有创意的想法，自我表达，自由，美	创造力，对情感的表现能力，以非传统的方式来表现自己，相当自由、开放	作家、编辑、音乐家、摄影师、厨师、漫画家、导演、室内装潢设计师
社会型 S （Social）	喜欢与人合作，热情关心他人的幸福，愿意帮助别人成长或解决困难，为他人提供服务	服务社会与他人，公正，理解，平等，理想	人际交往能力，教导、医治、帮助他人等方面的技能，对他人表现出精神上的关爱，愿意担负社会责任	教师、社会工作者、牧师、心理咨询师、护士
企业型 E （Enterprising）	喜欢领导和支配别人，通过领导、劝说他人或推销自己的观念、产品而达到个人或组织的目标，希望成就一番事业	经济和社会地位上的成功，忠诚，冒险精神，责任	说服他人或支配他人的能力，敢于承担风险，以目标为导向	律师、政治运动领袖、营销商、市场部经理、影视制片人、保险代理
事务型 C （Conventional）	喜欢固定的、有秩序的工作或活动，希望确切地知道工作的要求和标准，愿意在一个大的机构中处于从属地位，对文字、数据和事物进行细致有序的系统处理以达到特定的标准	准确，有条理，借鉴，盈利	文书技巧，组织能力，听取并遵从指示的能力，能够按时完成工作并达到严格的标准，有组织有计划	文员、会计师、银行家、簿记员、办事员、税务员和计算机操作员

（2）社会环境中，也有相同的六种类型：实用型（R）、研究型（I）、艺术型（A）、社会型（S）、企业型（E）、事务型（C），具体内容如表 2-2 所示，环境可以指工作、职业、休闲活动或者组织的文化氛围。

（3）人们都在追求能够发挥个人能力与才华、体现个人价值、解决问题的环境。在这样的环境中，人们能够获得回报，并受到尊重。比如，一个事务型的人会寻找事务型的环境，包括工作、休闲、朋友等，在事务型的环境中，他们重视秩序、重视物质或经济成就的价值观得到体现。

（4）人们的行为是人格与环境交互作用所决定的。所以一个艺术型的人如果处在一个实用型的环境里,他也许会感到紧张、无法适应,表现不良,同时可能会想办法离开这个实用型环境而转向艺术型环境。

霍兰德将六大类型的第一个字母按照固定的顺序组成了一个六角形,如图2-1所示。

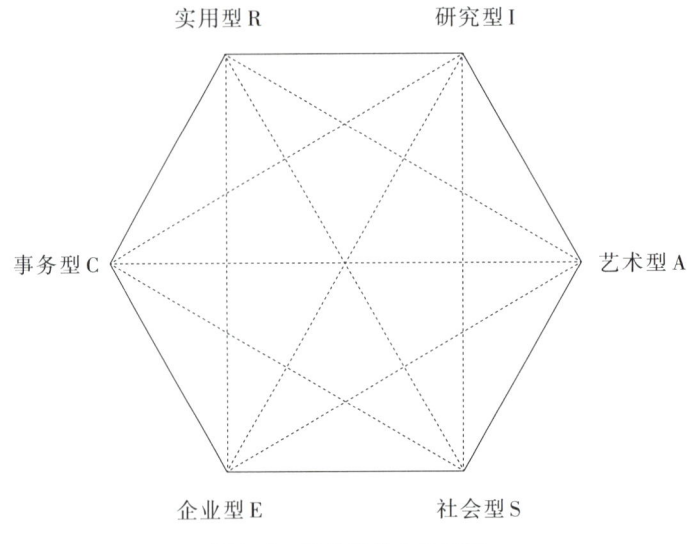

图2-1 霍兰德的六角模型

在这个模型中,我们用自己最突出的三个兴趣的字母代表三种主导的兴趣类型,这三个字母的组合就是"霍兰德代码"。三个字母的顺序虽然表示的都是一个人的兴趣,但是三种兴趣的强度是不同的。

丁新成开始帮助毕俊营分析自己的类型。毕俊营写下的霍兰德代码是R、I、E这三个字母,按照霍兰德的兴趣模型来看,是实用型—研究型—企业型(RIE)的组合。

毕俊营也回想了一下自己的经历。自己小时候总是喜欢把玩具拆了装、装了拆,特别喜欢航空模型玩具,一玩就会忘记时间,这是R型的典型表现。少年时又迷上了天文,参加了少年宫的天文俱乐部,直到现在还是"观星发烧友",这是I型的典型表现。同时,自己从小似乎有一定的领导力,除了前面提到的"孩子王"和高中组建社团外,似乎周围人有了疑问都喜欢来问自己的意见,自己在劝说和说服方面有着天然的优势,这是E型的典型表现。

而其他三个类型,在自己身上表现的程度似乎也不一样。比如:自己对艺术、音乐等不反感,但也说不上多么热爱,虽然喜欢听听歌,但是一般都是一边听歌一边玩航空模型玩具,可见,自己在A型方面不典型。同时,自己又是一个大大咧咧的人,每次出去旅游,同伴为了了解自己的花费,总是会记账,而自己从来都是"差不多"就行,这与C型的典型表现刚好相反。至于S型,毕俊营觉得自己好像也有一部分,比如愿意照顾别人,以前的志愿活动经常去养老院与孤儿院，上至耄耋老者，下至小小稚童，自己都有办法让他们开心起来。不过和E岛相比，他根据自己的直觉判断还是E更加适合。

毕俊营回顾了自己的生活细节后，又产生了一个疑问：自己在兴趣岛测试中，最喜欢的是R岛，然后是I岛，最后是E岛，这三个字母的排序有什么讲究吗？

丁新成开始解释兴趣的强度问题。

如RIE与EIR具有相同的兴趣，但是兴趣的强度是不同的。也就是说，在R、I、E三种类型中，毕俊营最感兴趣的是R，所以R的强度最高，以此类推，I与E也有不同的强度。这三个代码表示在生活中，这三种类型较常被使用。另外三种类型在毕俊营的生活中较少被使用。所以类型与类型之间是弱势与强势的关系。

同时，丁新成介绍说，前面模型中相邻的职业环境以及兴趣的类型相似程度高，如企业型E与社会型S在模型中相邻，两种类型都具有喜欢与人打交道的特质，只是具体的方式不同。而社会型S与实用型R处在对角线的位置上，说明这两种类型具有完全不同的特质，社会型S的人喜欢与人打交道，而实用型R喜欢与物打交道。

毕俊营又提出一个问题："像我的RIE类型就包含了相对位置的字母，那怎么办呢？"

丁新成解释说，一般来说，人的兴趣类型中，会有相对的类型，但是职业环境中很少会同时包含两种相对的类型，所以可以考虑通过休闲等方式在生活中寻求匹配的兴趣。同时，个人兴趣与职业环境的"匹配"也是广义的，并不是死板的对应，还要结合个人的专业、知识、经验等综合考虑。

第三节 我适合做什么——性格认知

探索了兴趣之后，毕俊营开始考虑自己的性格问题。在自己和战友的交流中，他发现很少有人会思考自己的性格特点是什么，更加不会想到自己的做事风格与未来职业的关联。

一、性格概述

1. 什么是性格

理查德·格里格（Richard Gerrig）和菲利普·津巴多（Philip Zimbardo）认为性格包括了独特性以及行为的特征性模式，并将人格（Personality）定义为：一系列复杂的具有跨时间、跨情境特点的，对个体特征性行为模式（内隐的以及外显的）有影响的独特的心理品质。

性格是遗传和环境因素的综合产物。目前的研究倾向于认为遗传因素的重要性大于环境因素。遗传因素是指个体染色体上基因的分子结构,可以解释个体的性格特征。环境因素是指个体从小的生活环境、家庭背景、社会规范等。

2. 性格的重要程度

性格有多重要呢？每个人都有不同的性格倾向,这些性格倾向反映到个体身上,这也表明每个人的行事风格不同。而不同的职业所要求的行事风格不同,所以个体的行事风格如果和职业所要求的行事风格恰好一致,那么个体在工作的时候就能如鱼得水,工作的体验感很好;反之,个体的行事风格与职业要求的行事风格不同,那么个体在工作的时候就会感到别扭,甚至会出现冲突,影响工作绩效。

毕俊营听了丁新成的介绍,这才发现原来性格与职业的关系这么重要,自己既要了解自己的性格倾向,也要了解职业环境的倾向性,那么怎么了解这些不同的类型呢？丁新成介绍了以下两种性格分类方法。

二、迈尔斯-布里格斯类型

1. 迈尔斯-布里格斯类型的基本内容

迈尔斯-布里格斯类型指标(Myers-Briggs Type Indicator, MBTI)是一种判断性格类型的方法,包含如表2-3所示的四种维度。

表2-3　MBTI维度解释

能量倾向:你更喜欢将自己的注意力集中于何处？你从何处获得活力？E—I维度	
外倾(E) 注意力和能量主要指向外部世界的人和事,而从与人交往和行动中得到活力。 ·关注外部环境 ·喜欢用谈话的方式进行沟通 ·通过谈话形成自己的意见 ·用实际操作或讨论的方式能学得最好 ·兴趣广泛 ·好与人交往,善于表达 ·先行动,后思考 ·在工作和人际关系中都很积极主动	内倾(I) 注意力和能量集中于自己的内心世界,从对思想、回忆和情感的反思中得到活力。 ·关注自己的内心世界 ·更愿意用书面方式沟通 ·通过思考形成自己的意见 ·用思考、在头脑中"练习"的方式学得最好 ·兴趣专注 ·安静而显得内向 ·先思考,后行动 ·当情境或事件对他们具有重要意义时会采取主动

续 表

接受信息:你如何获取信息？S—N维度	
感觉(S) 用自己的五官来获取信息。喜欢收集实实在在的、确实已出现的信息。对于周围所发生的事件观察入微,特别关注现实。 ·着眼于当前的实际情况 ·现实、具体 ·关注真实的、实际存在的事物 ·观察敏锐,并能记住细节 ·经过仔细周详的推理一步步得出结论 ·通过实际运用来理解抽象的思维和理论 ·相信自己的经验	直觉(N) 通过想象、无意识等超越感觉的方式来获得信息。喜欢看整个事件的全貌,关注事实之间的关联。想要抓住事件的模式,特别善于看到新的可能性。 ·着眼于未来的可能 ·富于想象力和创造性 ·关注数据所代表的模式和意义 ·当细节与某一模式相关时才能够记得 ·靠直觉很快得出结论 ·希望在应用理论之前先能对之进行澄清 ·相信自己的灵感
处理信息:你是如何做决定的？T—F维度	
思考(T) 通过分析某一行动或选择的逻辑后果来做出决定。会将自己从情境中分离出来,对事件的正反两方面进行客观的分析。从分析和确认事件中的错误并解决问题中获得活力。目标是要找到一个能应用于所有相似情境的标准或原则。 ·好分析的 ·运用因果推理 ·以逻辑的方式解决问题 ·寻求一个合乎真理的客观标准 ·爱讲理的 ·可能显得不近人情 ·公平意味着每个人都能得到平等的待遇	情感(F) 喜欢考虑对自己和他人来说什么是重要的。会在头脑中将自己放在情境所牵涉的所有人的位置上并试图理解别人的感受,然后在此基础上根据自己的价值判断做出决定。从对他人表示赞赏和支持中获得活力。目标是创造和谐的氛围,把每一个人都当作一个独特的个体来对待。 ·善于体贴他人、感同身受 ·受个人价值观的引导 ·衡量决定对他人产生的后果和影响 ·寻求和谐的气氛和积极的人际交往 ·富于同情心 ·可能会显得心肠太软 ·公平意味着每个人都被作为独特的个体来对待
行动方式:你如何与外部世界打交道？J—P维度	
判断(J) 喜欢将事情管理得井井有条,过一种有计划的、井然有序的生活。喜欢做出决定,完成后继续下面的工作。生活通常会比较有规划、有秩序,喜欢把事情敲定下来。照计划和日程安排办事对他们来说很重要。从完成任务中获得能量。 ·有计划的 ·喜欢组织管理自己的生活 ·有系统的 ·按部就班 ·爱制定短期和长期计划 ·喜欢把事情落实敲定 ·力图避免最后一分钟才做决定或完成任务的压力	知觉(P) 喜欢以一种灵活、自发的方式生活,更愿意去体验和理解生活而不是去控制它。详细的计划或最后决定会使他们感到被束缚。愿意对新的信息和选择保持开放,直到最后一分钟。足智多谋,善于调节自己适应当前场合的需要,并从中获得能量。 ·自发的 ·灵活 ·随意 ·开放 ·适应,改变方向 ·不喜欢把事情确定下来,以留有改变的可能性 ·最后一分钟的压力会使他们感到活力充沛

毕俊营看了这些表格,感觉内容很多,他问丁新成,是不是一定要做专业的测试才能知道自己的类型。丁新成介绍说,如果想准确地评估自己的性格类型,的确建议做一套完整的测试题目,但是平时自己也可以通过非正式评估来大体判断一下。

接下来,针对第一个维度,丁新成首先问毕俊营:"平时大部分休闲时间喜欢独处还是喜欢和朋友聚会?"毕俊营想了想,感觉自己还是比较愿意和朋友聚会,自己比较喜欢热闹。丁新成判断,毕俊营大概率属于外倾型E。

针对第二个维度,丁新成拿了一只空调遥控器,问毕俊营:"看到这样东西,你先想到什么?"丁新成想了想,回答:"这个东西是用来做什么的?是哪个电器的遥控器?"丁新成判断,毕俊营大概率属于直觉型N。

针对第三个维度,丁新成问毕俊营:"如果你是一位高考考场的监考老师,按照规定,如果有考生迟到十五分钟,那么就不能进入考场。在考试开始第十六分钟,来了一位考生,他非常难过,因为早晨送妈妈去医院,所以考试迟到了,他请求你希望进入考场,你会怎么处理?"毕俊营说:"那还是要按规定的,虽然他的遭遇值得同情,但是规定就是规定,不能因为一个人的特殊情况而破例。"丁新成判断,毕俊营大概率属于思考型T。

针对第四个维度,丁新成问毕俊营:"出去旅游的时候,你会做攻略吗?"毕俊营想了想,很肯定地回答:"会。""那么攻略会做到什么程度呢?"毕俊营说:"大体情况安排一下就行啦,比如车次安排好,酒店定好,大致哪些景点可以去玩……""万一没赶上车呢?""那就随缘啦,走到哪儿算哪儿,旅游的时候不用那么较真儿吧?"因此,丁新成判断毕俊营大概率属于知觉型P。

毕俊营又有了新的问题:"只是知道这几种类型有什么用呢?"丁新成接下来介绍了MBTI的16种类型。

将以上四个维度结合起来,就形成了MBTI的16种类型,这16种性格类型以及特点如表2-4所示。

表2-4 MBTI16种性格类型及其通常具有的特征

ISTJ	ISFJ	INFJ	INTJ
沉静,认真,贯彻始终、得人信赖而取得成功。讲求实际,注重事实,能够合情合理地去决定应做的事情,而且坚定不移地把它完成。不会因外界事物而分散精神。以做事有次序、有条理为乐——不论在工作上、家庭上还是生活上。重视传统和忠诚	沉静,友善,有责任感和谨慎。能坚定不移地承担责任。做事贯彻始终、不辞辛劳和准确无误。忠诚,替人着想,细心,往往记着他们所重视的人的种种微小事情,关心别人的感受。努力创造一个有秩序、和谐的工作和家居环境	探索意念、人际关系和物质拥有欲的意义和它们之间的关系。希望了解什么可以激发人们的推动力,对别人有洞察力。尽责,能够履行他们坚持的价值观念。有一个清晰的理念以谋取大众的最佳利益。能够有条理地、果断地去实践他们的理念	具有创意的头脑,有很大的冲劲去实践他们的理念和达到目标。能够很快地掌握事情发展的规律,从而想出长远的发展方向。一旦做出承诺,便会有条理地开展工作,直到完成为止。有怀疑精神,独立自主。无论为自己或为他人,都有高水准的工作表现

续 表

ISTP	ISFP	INFP	INTP
容忍、有弹性,是冷静的观察者,但当有问题出现,便迅速行动,找出可行的解决方法。能够分析出哪些东西可以使事情进行顺利,又能够从大量资料中找出实际问题的重心。很重视事件的前因后果,能够以理性的原则把事实组织起来,重视效率	沉静,友善,敏感和仁慈。欣赏目前和他们周遭所发生的事情。喜欢有自己的空间,做事又能把握自己的时间。忠于自己所重视的人。不喜欢争论和冲突,不会强迫别人接受自己的意见或价值观	理想主义者,忠于自己的价值观及自己所重视的人。外在的生活与内在价值观配合。有好奇心,很快看到事情的可能与否,能够加速对理念的实践。试图了解别人、协助别人发展潜能。适应力强,有弹性;如果和他们的价值观没有抵触,往往能包容他人	对任何感兴趣的事物,都要探索一个合理的解释。喜欢理论和抽象的事情,喜欢理念思维多于社交活动。沉静,满足,有弹性,适应力强。在他们感兴趣的范畴内,有非凡的能力去专注而深入地解决问题。有怀疑精神,有时喜欢批评,常常善于分析
ESTP	**ESFP**	**ENFP**	**ENTP**
有弹性,容忍,讲求实际,专注于即时的效益。对理论和概念上的解释感到不耐烦,希望以积极的行动去解决问题。专注于"此时此地",喜欢主动与别人交往。喜欢物质享受的生活方式。能够通过实践达到最佳的学习效果	外向,友善,包容。热爱生命,热爱人,爱物质,享受喜欢与别人共事。在工作上,能注意现实情况,使工作富有趣味性、灵活性、即兴性,易接受新朋友和适应新环境。与别人一起学习新技能可以达到最佳的学习效果	热情而热心,富于想象力。认为生活充满很多可能性。能够很快地找出事件和资料之间的关联性,而且有信心地依照他们所看到的模式去做。很需要别人的肯定,又乐于欣赏和支持别人。即兴而富于弹性,时常信赖自己的临场表现和流畅的语言能力	思维敏捷,机灵,能激励他人,警觉性高,勇于发言。能随机应变地去应付新的和富于挑战性的问题。善于引出在概念上可能发生的问题,然后很有策略地加以分析。善于洞察别人。对日常例行事务感到厌倦。甚少以相同方法处理同一事情,能够灵活地处理接二连三的新事物
ESTJ	**ESFJ**	**ENFJ**	**ENTJ**
讲求实际,注重现实,注重事实。果断,能很快做出实际可行的决定。能够安排计划和组织人员以完成工作,尽可能以最有效率的方法达到目的。能够注意日常例行工作的细节。有一套清晰的逻辑标准,会有系统地跟着去做,也想别人跟着去做。会以强硬态度去执行计划	有爱心,尽责,合作。渴望有和谐的环境,而且有决心营造这样的环境。喜欢与别人共事,也能准确地、准时地完成工作。忠诚,即使在细微的事情上也如此。能够注意别人在日常生活中的需要而努力供应他们。渴望别人赞赏他们和欣赏他们所做的贡献	温情,有同情心,反应敏捷和有责任感。高度关顾别人的情绪、需要和动机。能够看到每个人的潜质,想要帮助别人发挥自己的潜能。能够积极地协助他人和组织的成长。忠诚,对赞美和批评都能很快做出回应。社交活跃,在一组人当中能够惠及别人,有启发人的领导才能	坦率,果断,乐于作为领导者。很容易看到不合逻辑和缺乏效率的程序和政策,从而开展和实施一个能够顾及全面的制度去解决一些组织上的问题。喜欢有长远的计划,喜欢有一套既定的目标。往往是博学多闻的,喜欢追求知识,又能把知识传给别人。能够有力地提出自己的主张

退役军人职业起步

毕俊营看了表格后,结合自己的四种类型,总结了自己的MBTI的类型是ENTP,他又产生了疑问,那么我们怎么根据性格去找合适的职业呢?

丁新成给他看了如表2-5所示的内容,这个表格总结了MBTI类型所对应的职业倾向,通过这个表格,毕俊营可以大体了解自己适合的职业。如,毕俊营是ENTP类型的,就可以在表2-5找到自己可能适合的职业类型——科学、管理、技术、艺术,或者其他能够让其有机会不断承担新挑战的工作。

表2-5 MBTI16种性格类型的职业倾向

ISTJ	ISFJ	INFJ	INTJ
·工商企业管理 ·行政管理 ·执法 ·会计 或者其他能够让他们可以利用自己的经验和细心完成任务的职业	·教育 ·健康护理(包括生理、心理) ·宗教服务 或者其他能够让他们运用自己的经验亲力亲为帮助别人的职业,这种帮助是协助或辅助性的	·宗教 ·咨询服务(包括个人、社会、心理等) ·教学/教导 ·艺术 或者其他能够促进他们情感、智力或精神发展的职业	·科学或技术领域 ·计算机 ·法律 或者其他能够让他们运用智力创造和技术知识去构思、分析和完成任务的职业
ISTP	ISFP	INFP	INTP
·熟练工种 ·技术领域 ·农业 ·执法 ·军人 或者其他能够让他们动手操作、分析数据或事情的职业	·健康护理(包括生理、心理) ·商业 ·执法 或者其他能够让他们运用友善、专注于细节相关服务的职业	·咨询服务(包括个人、社会、心理等) ·写作 ·艺术 或者其他能够让他们运用创造和集中于他们的价值观的职业	·科学或技术领域 或者其他能够让他们基于自己的专业技术知识独立、客观分析问题的职业
ESTP	ESFP	ENFP	ENTP
·市场 ·熟练工种 ·商业 ·执法 ·应用技术 或者其他能够让他们利用行动关注必要细节的职业	·健康护理(包括生理、心理) ·教学/教导 ·教练 ·儿童保育 ·熟练工种 或者其他能够让他们利用外向的天性和热情去帮助那些有实际需要的人们的职业	·咨询服务(包括个人、社会、心理等) ·教学/教导 ·宗教 ·艺术 或者其他能够让他们利用创造和交流去帮助促进他人成长的职业	·科学 ·管理 ·技术 ·艺术 或者其他能够让他们有机会不断承担新挑战的工作

续　表

ESTJ	ESFJ	ENFJ	ENTJ
·工商企业管理 ·行政管理 ·执法 或者其他能够让他们运用对事实的逻辑和组织完成任务的职业	·教育 ·健康护理（包括生理、心理） ·宗教 或者其他能够让他们运用个人关怀为他人提供服务的职业	·宗教 ·艺术 ·教学/教导 或者其他能够让他们帮助别人在情感、智力和精神上成长的职业	·管理 ·领导 或者其他能够让他们运用实际分析、战略计划和组织完成任务的职业

2. MBTI使用的注意事项

毕俊营在思考了MBTI类型之后，问丁新成："这个代码有没有好坏之分啊？有时候我在有些事情上好像又不是完全的P型，自己也是很有计划很系统的，那是不是说明自己的代码不准啊？"

对此，丁新成这样解释："MBTI的代码只是性格的一种倾向，倾向是用程度衡量的，而不是用好坏来衡量，所以MBTI的各个维度是没有好坏之分的。同时，自己无论是通过正式的问卷还是通过非正式的问题评估自己的类型，得出的结论都是一种参考，它不能成为你不做某件事的借口，更多时候应该用发展性的眼光来看待自己的性格倾向，不能给自己贴标签，认为自己只能做这个，不能做那个，不能'绝对化'和'一刀切'。如果你发现MBTI的代码好像与实际情况不符合，那么需要用更多的例子来澄清自己的倾向。"

第四节　我能够做什么——能力认知

经过前面的分析，毕俊营已经对自己有了一个大致的了解。他想，经过这么多表格和测试，应该可以去找工作了吧？没想到丁新成摇摇头，说："还有一个非常关键的内容，我们还没做探索，就是——你能做什么。"

一、能力概述

1. 什么是能力

能力就是你成功地做事情或工作的潜能。能力可分为能力倾向与技能。能力倾向是你的学习能力。它指你的潜能，区别于你已经发展起来的技能和技术知识。比如说，也许你具有表达沟通的能力倾向，但是没有经过大量的发掘、培训、学习、练习和操作，你可能还没有培养起完成这些活动的技能。技能是经过学习和练习发展起来的能力,它是在你从事活动时有效地运用你的天资和知识的力量。

由此可见,能力有些来自天生,每个人都有先天的优势与不足。对于优势,你应该尽可能地识别出来并多次运用。同时也要正视自己的不足。这些不足中有一些可以通过自己所处的环境来改善,有一些需要你用更多的努力去弥补,还有一些可能很难改变。

2. 能力有多重要?

能力是用人单位最愿意考察的部分,通常在面试过程中,是通过"你能做些什么?""你过去有什么样的经验?"等方面的问题来考察的。

在职业决策中,一定要考虑自己能做些什么。如果自己的能力能够满足岗位要求时,自己能够将工作较好完成,那么你会从工作中获得满足感;如果工作能力大于岗位要求能力,那么你会觉得工作没有挑战性;如果工作能力大大小于岗位要求能力,那么你会觉得工作得非常吃力,工作绩效也会受到影响。

二、能力的分类

1. 能力倾向

能力倾向通常指更为具体的能力,如文字能力倾向、机械能力倾向等。能力倾向更多地与先天具有的能力相关,即潜能、天资。

表2-6列出了能力倾向和具体的描述。

表2-6 能力倾向和描述

能力倾向	描　述
抽象推理	脱离具体事物的存在来理解和思考的能力,不是用词汇和数字,而是用符号或图像表达概念
听觉辨别	区分不同声音(对音乐家尤为重要)的能力
文书能力	记录、复制、存档、校对、识别细节、避免拼写和计算错误的能力
颜色辨别	察觉颜色的相似性与不同以及感知不同深浅的颜色的能力;观察颜色之间的协调性的能力
眼—手—足协调	在视野范围内手足协调运动反应的能力
手指灵活性	手指迅速、敏捷、精确地操纵微小物体的能力
形状感知	进行视觉对比、观察物体和图画的形状及阴影的细小差别的能力
语言使用	使用词汇、语法和标点的能力
机械推理	理解物理定律,具有操作机械设备的能力;具备建筑、机械操作及维修知识

续 表

能力倾向	描 述
记忆	回忆已发生事件或保留学习信息的能力
运动协调	四肢和身体在保持一定速度、姿势的情况下,有节奏地精确运动的能力(对运动员和舞蹈演员很重要)
数字能力	迅速、准确地理解数字和进行数学推理的能力
说服能力	提供可信服的理由或劝说他人采纳自己观点的能力
身体力量	运用身体肌肉去完成搬、运、抬举重物的能力和耐力
敏捷	思维敏捷,或身体以一定速度、灵敏度和准确度运动的能力
社会技能(同感)	理解他人和与人相处的能力,感同身受地体会他人处境的能力
空间能力	在头脑中描绘各种形状和大小的三维对象的能力
拼写能力	区别拼写正误的能力
文字推理	理解文字表达的思想或概念的能力,使用文字思维和推理的能力
词汇	理解和准确使用词语含义的能力

毕俊营对照着上面的表格,发现抽象推理、形状感知、手指灵活性、空间能力、社会技能等方面似乎是自己的能力倾向。他回忆了一些上学时的细节,比如喜欢看侦探小说,非常着迷于破案推理的过程;喜欢动手组装模型等;数学题里最喜欢做几何题;愿意照顾别人;等等。

2. 技能

前面提到的用人单位对一个人的能力进行考察,更多的是对技能方面的考察。

辛迪·梵(Sidney Fine)和理查德·鲍尔斯(Richard Bolles)认为对于技能的识别和分析是职业规划的核心,他们将技能分为可迁移技能、专业知识技能和自我管理技能三类。

(1)可迁移技能

可迁移技能是指你做的事,一般用动词来表示,也就是表达行动的词,比如分析、服务、教导、处理等。

在工作中或者生活中都可以发展可迁移技能,特别是生活中的活动,发展可迁移技能的机会更大,而这些技能又能运用到工作中。比如,服务是一项可迁移技能,但这项技能的培养不一定要求你必须从事服务行业和服务工作,也可以来自生活。作为家庭一员,你在家的时候,经常帮助爸爸妈妈照顾年幼的弟弟妹妹,照顾年迈的爷爷奶奶,这也是一种服务能力培养的过程。所以,即使你没有工作经验,但是只要具备了从事某个职业要求的可迁移技能,那么就可以通过其他的活动经验来证明自己拥有这些技能。

表2-7列举了部分可迁移技能。

表2-7 可迁移技能词汇表（部分）

管理	适应	校对	收集	训练
展示	烹调	分析	创造	鼓励
权衡	集中	审核	证明	联结
演讲	保护	校对	融资	调查
组织	协调	调整	提问	驾驶
报告	交谈	研究	修复	安排

毕俊营想起自己在学校的时候，创建了新的社团，并且管理两年之久，自己也很擅长逻辑推理，虽然自己性格大大咧咧，但是在工作的时候擅长分工安排以及沟通说服……这些细节都能提炼出可迁移技能。

但是仅仅有可迁移技能还是不够的，这类技能要和专业知识技能联系起来，才能完整地表述你所拥有的具体技能。如前面提到的"服务"，还需要进一步具体化——服务的内容是什么，而服务的内容，就是专业知识技能。

（2）专业知识技能

专业知识技能是你知道的东西，是通过教育才能获得的，一般用名词来表示，比如轨道交通、机械工程、金融学、英语等。大千世界有着各种各样的专业知识技能，无法全面列举。

专业知识既然是通过教育和培训获得的，那么意味着这类技能无法迁移。比如一个学习轨道交通专业的人，平时没有学习金融学的经验，那么当他进入金融学的领域，他就需要重新学习相关的知识。所谓"隔行如隔山"，其实说的就是专业之间存在壁垒的意思。

表2-8列举了部分专业知识技能。

表2-8 专业知识技能词汇表（部分）

会计	管理	考古学	解剖学	美学	声学
文学	病理学	法学	人力资源	市场营销	园艺学
工程学	地理	老年病学	数学	制图学	档案学
喜剧	航空学	金融	儿童教育	计算机	财务管理
机械制造	生物学	犯罪学	心理学	教育学	经济学

对于毕俊营来说,要想找到适合自己从事的工作,专业知识技能的积累非常重要。退役之后,他也正在考虑重新学习一些学科知识,比如,计算机软硬件知识、机械制造或者轨道交通的知识等,也找了一些网上的课程在听。

当然,学校的教育途径看起来是最普遍的途径,但专业知识技能的积累也可以通过其他渠道来完成。互联网时代就给大家提供了便利条件,慕课、直播、分享等形式,都是提供专业知识的途径。

（3）自我管理技能

自我管理技能通常用来描述个人品质,比如有效率的(地)、善良的(地)、包容的(地)等。

这些自我管理技能能够帮你更好地适应环境,在环境中更好地调整自己。自我管理技能通常用来描述个人品质,往往是正面的、积极的。它们可以从生活领域迁移到工作领域。自我管理技能对于职业发展起到不可或缺的作用。很多人职业发展的问题不在于专业知识技能缺乏,或者是可迁移技能缺乏,而是自我管理技能的缺乏,即不具备从事某个职业所必备的品质。

表2-9列举了部分用来描述自我管理技能的词汇。

表2-9　自我管理词汇表(部分)

勤奋的(地)	警醒的(地)	有毅力的(地)	勇敢的(地)	随意的(地)	灵活的(地)
活跃的(地)	沉着的(地)	仁慈的(地)	感恩的(地)	无私的(地)	道德的(地)
公正的(地)	熟练的(地)	稳定的(地)	坚持的(地)	节俭的(地)	传统的(地)
新颖的(地)	友好的(地)	坚强的(地)	乐观的(地)	有把握的(地)	有效率的(地)
幽默的(地)	朴素的(地)	强烈的(地)	自由的(地)	健全的(地)	冷静的(地)

对于毕俊营来说,他同样是通过回忆各种生活与学习中的细节,来归纳自己的自我管理技能特征。比如自己在部队的时候,总是勇于承担新的训练任务,自己周围的战友和领导也称赞自己是"拼命三郎"。自己也是一个很正直的人,战友犯了错误,自己也能铁面无私地指出……通过对这些细节的回顾,毕俊营开始尝试梳理自我管理技能。

三、能力的探索

毕俊营在了解了能力相关内容后,决定从自己从小到大的经历中,好好归纳自己的能力。丁新成教给他一个简单的方法,将三类能力进行综合运用,比如:

◎ 耐心地——完成——小组任务；

◎ 熟练地——操作——机械；

◎ 有责任感地——管理——团队。

通过这种方式，不仅可以不断地提炼自己的能力，还可以通过对自己感兴趣的职业进行一个分析，以此来对照自己应该提升哪些方面的能力。

同时，丁新成还给了毕俊营如表 2-10 所示的一份职业生涯人物访谈提纲，让毕俊营拿着这份提纲，去访谈实际从事某项职业的人，了解该职业所需的能力（包括价值观等内容），对照自己的差距，就能找到提高的方向。

表 2-10　职业生涯人物访谈提纲（部分）

*在这个工作岗位上，每天都做些什么？
*最近，这项工作因科技、市场、竞争等发生变化了吗？
*你是如何找到这份工作的？
*你是如何看待该领域工作将来的变化趋势的？
*你的工作是如何为实现组织的总体目标或使命贡献力量的？
*你所在领域有"职业生涯道路"吗？
*本职业需要什么样的人？
*在本领域工作所需的基本前提是什么？
*就你的工作而言，你最喜欢什么？最不喜欢什么？
*什么样的初级工作最有益于学到尽可能多的知识？
*本领域初级职位和略高级别职位的薪水是多少？
*采取工作行动和解决问题的自由度如何？
*本领域有发展机会吗？
*本工作的哪部分让你最满意，哪部分最有挑战性？
*什么样的个人品质或能力对本工作的成功来讲是重要的？
*你认为将来本领域潜在的不利因素是什么？
*依你所见，在本领域工作你遇到了什么样的问题？
*对于一个即将进入该领域的人，你愿意提出特别建议吗？
*本工作需要特别的知识、技能和经验吗？
*本工作需要什么样的教育或培训背景？
*公司对刚进入该领域的员工提供哪些培训？
*哪家职业杂志或组织能帮助我深入了解该领域？
*你的熟人中有谁能够成为我下次采访的对象吗？当我打电话给他/她的时候，可以提及你的名字吗？
*根据你对我的教育背景、技能和工作经验的了解，你认为我在做出最终决定之前还应在哪个领域、什么样的工作上进行深入调查研究呢？

通过上面的工具，毕俊营就可以在了解自己的基础上，去了解更多关于职业对于用人的要求，有助于他做出职业决策。

第五节 自我职业认知的方法

前面讲了许多自我认知的理论和方法,那么是不是所有的退役军人都和毕俊营一样呢?通过杭州市退役军人事务局组织的对退役军人抽样调查数据,我们可以看出一些共性问题。

一、退役军人自我认知现状

根据杭州市退役军人事务局组织的对于西湖区退役军人抽样调查,对于自我认知的现状如下:

(1)对于价值观的了解

如表2-11所示,大部分的退役军人对于自己的价值观都有一定的了解。在被问及与价值观相关的问题时,大部分的退役军人能够用几个词来概括,但对于价值观的具体体现,大家的回答较为模糊。可见,虽然退役军人会有关于价值观的思考,但是这个思考并不深入,对与之相关的细节等思考不清。

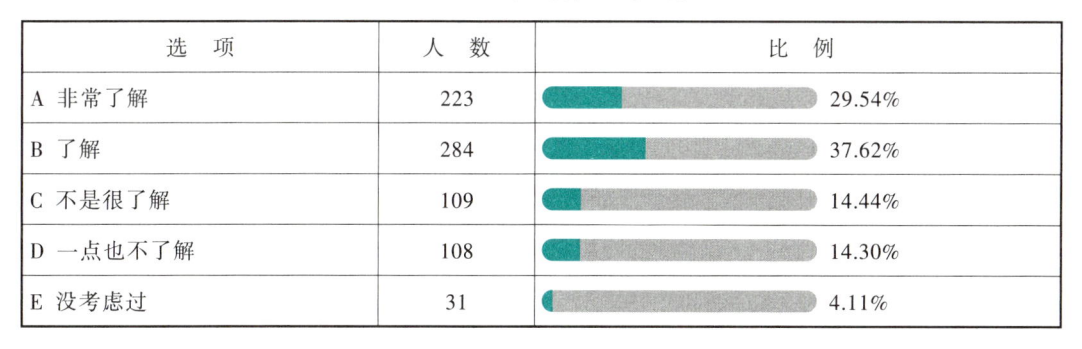

表2-11 对于价值观的了解

选项	人数	比例
A 非常了解	223	29.54%
B 了解	284	37.62%
C 不是很了解	109	14.44%
D 一点也不了解	108	14.30%
E 没考虑过	31	4.11%

(2)对于自己个性的了解

如表2-12所示,对于自己的个性特征中最鲜明的部分,大部分的退役军人能够做到心中有数。在访谈中提及自己的个性,大部分的退役军人也能够概括出自己的个性特征,但是所用词语过于单薄,并缺少相应的支持性细节。

表2-12　对于自己个性的了解

选项	人数	比例
A 非常了解	191	25.30%
B 了解	337	44.64%
C 不是很了解	126	16.69%
D 一点也不了解	42	5.56%
E 没考虑过	59	7.81%

(3) 对于自己兴趣的了解

如表2-13、表2-14所示，对于自己的兴趣爱好以及自己最喜欢的职业，大部分的退役军人有明确的认识。在访谈中当问到自己的兴趣爱好时，大部分退役军人能够列举一二，但是被追问该兴趣爱好与职业的关系时，大部分的退役军人无法做出关联性的设想。同样，对于自己最喜欢的职业需要何种个人特质，大部分退役军人无法清晰回答。

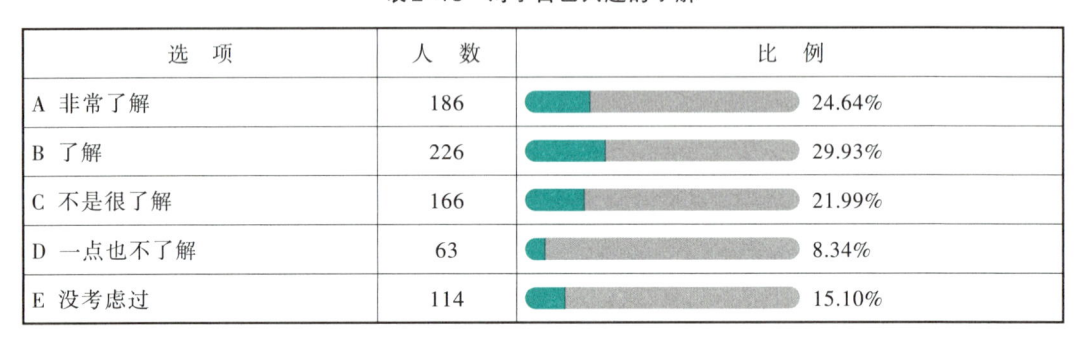

表2-13　对于自己兴趣的了解

选项	人数	比例
A 非常了解	186	24.64%
B 了解	226	29.93%
C 不是很了解	166	21.99%
D 一点也不了解	63	8.34%
E 没考虑过	114	15.10%

表2-14　对于自己最喜欢的职业的了解

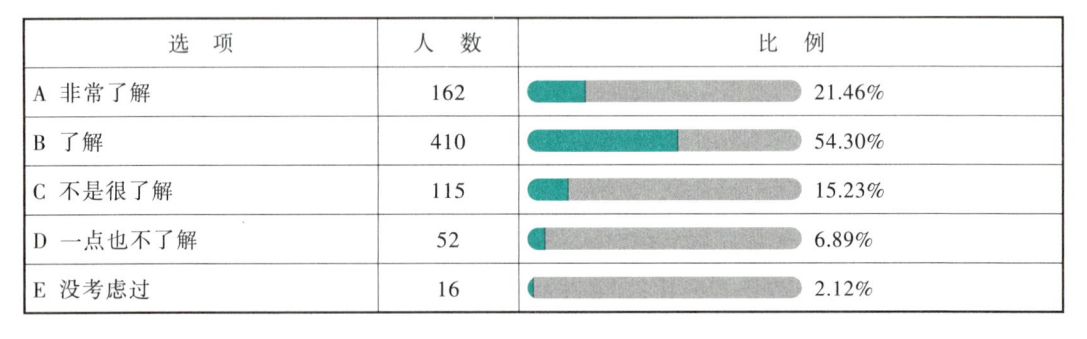

选项	人数	比例
A 非常了解	162	21.46%
B 了解	410	54.30%
C 不是很了解	115	15.23%
D 一点也不了解	52	6.89%
E 没考虑过	16	2.12%

(4) 对于自己能力的了解

如表2-15所示，调查结果显示，对于自己的能力，大部分的退役军人都有一定的了解。

在访谈中涉及相应内容时,大部分退役军人能够概括自己最擅长的能力,但对于能力的分类并不清楚;能够对专业知识能力与相关专业的关系有较为清晰的认识,但无法将其他能力与职业进行对应。

表 2-15　对于自己能力的了解

选项	人数	比例
A 非常了解	191	25.30%
B 了解	387	51.26%
C 不是很了解	87	11.52%
D 一点也不了解	37	4.90%
E 没考虑过	53	7.02%

(5)对于自己优势劣势的了解

如表 2-16 所示,对于自己的优势劣势,大部分的退役军人都有一定的了解。在访谈中涉及相应内容时,对于自己个性特征方面的优势劣势回答的内容普遍较少,更多的优势劣势集中在能力方面。

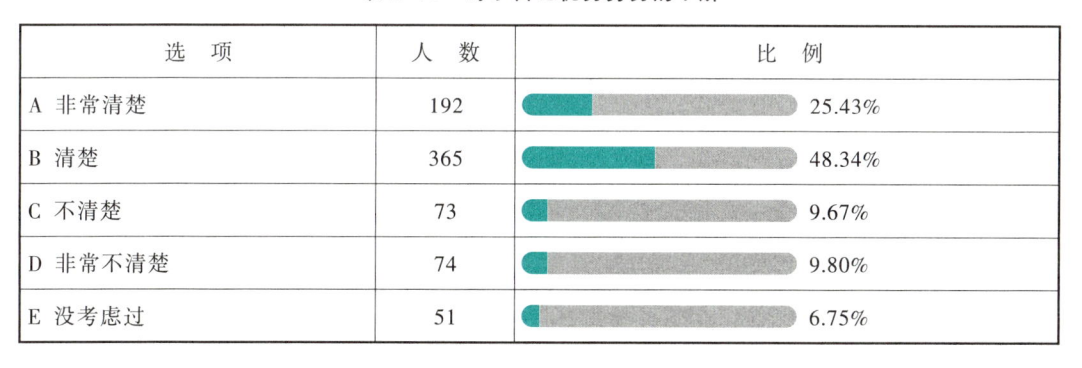

表 2-16　对于自己优势劣势的了解

选项	人数	比例
A 非常清楚	192	25.43%
B 清楚	365	48.34%
C 不清楚	73	9.67%
D 非常不清楚	74	9.80%
E 没考虑过	51	6.75%

总体来说,被调研的退役军人对于自我的特质有一定了解,但这些了解仅限于感性的认知,缺少足够多的证据与细节支持,同时缺少个性特征与职业发展关联性的思考。他们可以参考毕俊营的认知过程、方法和结论,认真梳理上述认知,不但可以更加深刻地理解自己,而且会极大促进职业发展。

二、增进自我认知的方法

若想系统性地了解自己,比较简便的方式是采用测试法。测试法是通过不同类型的标准化题目,来测量自己的特质。目前应用较多的是利用网络、计算机来进行人员特质的测量。这些题目开发的版本不同,信度效度会有差别,所以要注意鉴别。受测者同时会受到测试环境等客观因素的影响,所以在用测试法进行测试的时候,结果只能作为一种参考依据。

同时受测者还可以采用一些非正式评估的方法,通过对一些与个人特质相关的开放性问题的回答,梳理个人的特质。通过专业咨询师的帮助,受测者从多角度来了解自己,同时结合网络测试的报告,可以更加明确自己的个性特征。

另外,受测者还可以通过其他人对自己的评价来了解自己,如通过自己的父母、师长、朋友、同学、客户、上下级等对自己的评价,加深自我了解。

无论用上述哪一种方法得到的结果,都需要用事实与细节作为佐证,这样的评估才更贴近现实,也更加准确。

参考文献

[1] 钟谷兰,杨开.大学生职业生涯发展与规划[M].上海:华东师范大学出版社,2008.

[2] 理查德·格里格,菲利普·津巴多.心理学与生活[M].王垒,王苏,等,译.北京:人民邮电出版社,2003.

[3] MYERS I B, MCCAULLEY M H, QUENK N L, et al. MBTI manual[M]. 3rd ed. Palo Alto: Consulting Psychologists Press, INC.

[4] 罗伯特·洛克.把握你的职业发展方向[M].5版.钟谷兰,曾垂凯,时勘,等,译.北京:中国轻工业出版社,2006.

[5] 程良越,谢珊.大学生职业生涯发展[M].广州:广东高等教育出版社,2011.

[6] GCDF中国培训中心.全球职业规划师GCDF资格培训教程[M].北京:中国财政经济出版社,2006.

[7] 罗伯特·C.里尔登.职业生涯发展与规划(附学生手册)[M].侯志瑾,编译.北京:高等教育出版社,2005.

[8] 罗伯特·C.里尔登,等.职业生涯发展与规划[M].侯志瑾,译.北京:中国人民大学出版社,2010.

[9] 蒋承勇,林才溪,等.大学生职业发展规划与就业创业指导[M].北京:高等教育出版社,2015.

[10]埃德加·施恩.职业锚:发现你的真正价值[M].北森测评网,译.北京:中国财政经济出版社,2004.

推荐阅读书目

1. 古典,《你的生命有什么可能》,湖南文艺出版社,2014年
2. 古典,《拆掉思维里的墙:原来我还可以这样活》,中国书店,2010年
3. 理查德·迪克·鲍利斯,《你的降落伞是什么颜色?》,中国华侨出版社,2014年

思考与练习

1. 想一想,你的个人特质是什么?这些特质能够与你目前的专业相结合吗?如果不能,你会怎样调整?如果你觉得这个练习独立完成有困难,你可以和同学、要好的朋友共同完成,或者请教你的父母、老师等。

2. 写出5—7个你的成就故事,这些事件可以来自学校、工作、爱好、家庭生活以及课外活动。只要是你在过程中喜欢那种感觉的活动就可以。事件需要一些细节的描述,比如你希望达到的目标,你面临什么障碍,以及你是如何通过行动跨越障碍的。然后根据这些内容提炼你使用了什么技能,如果有重复出现的技能就是你擅长并且愿意使用的技能。

3. 针对一个你感兴趣的职业进行生涯人物访谈,把结果与自己目前的情况相对照,看看自己需要提升哪些能力,需要澄清哪些个人特质。

第三章

退役军人职业生涯规划

引 言

毕俊营和丁新成几天没见面了，但微信中的互动仍旧频繁。做完各种测试之后，毕俊营忍不住给丁新成发了一段语音："经过这么多测试，我确实更了解自己了。现在是不是可以闯荡江湖啦？"

当时他的表情，像一个只等冲锋号响就立即冲出战壕的突击队员。不过，为了不让丁新成觉得自己急不可耐，他配了一个"我佛了"的表情包。

丁新成回了一个"按住躁动的你"的表情包，毕俊营不禁嘀咕："果然是老江湖，知道我的小心思。"

正在找合适的表情包和丁新成斗图乐一乐，毕俊营看到丁新成发来的两条语音："兄弟，现在可千万不要人家给个工作就扑上去。这样显得咱太不矜持，生怕没人要似的。更关键的是，还得长远打算，不能遇到一棵树就抱住不放，免得最后要吊死在上面。"

"不要像我那个时候，家里给我介绍了一家外贸公司的办公室行政工作，说什么副总是我爸发小，只要表现好，两年就能当副主任。我'屁颠屁颠'地去了，整天加班写材料，没两个月就崩溃了，因为我实在不好这口，更不是那块料。"语音以一声悠长响亮的叹息结束，配上一个"号啕大哭"的表情包。

毕俊营的好奇心成了雨后蘑菇："老兄还有过这么一段暗黑时光啊？从来没听你说过……"他翻到了一个长耳兔的图片，立马发了过去，表明自己愿意支起耳朵倾听。

丁新成的语音几乎是同时到达："再厉害的人，也有犯傻的时候。后来我折腾了大半年，换了三个工作都不如意，家里还骂我是属兔子尾巴的。直到一位做人力资源的大姐带我入门，我觉得这事既合我胃口，又有很大的想象空间——无论大公司还是创业团队，都需要专业的人力资源师来帮老大管好团队。我现在啊，才有上高速开车的感觉！"当然，少不了一个"想想还有些小激动呢"的表情包。

看着屏幕上王大锤花痴的样子，毕俊营扑哧一笑。但这笑容只维持了两秒钟，他就一边摇头一边回复："老兄你在高速上超车，我这还没找到车在哪个工厂里生产呢！"

丁新成这回发来了文字："千万别乱上车，做个职业规划吧！"

毕俊营有点迟疑："这玩意儿有多大用啊？计划赶不上变化，我当初还打算再干一期呢，结果政策一下来……"

丁新成更加直接："规划就是导航，没导航你敢开车不？你以为你是老司机呀！按我给你的模板，先做个简单的，咱们改天见面细聊！"

退役军人职业起步

毕俊营想想也有道理,便打开丁新成发来的模板,一项一项研究起来……

第一节 职业生涯规划基础知识

进行职业生涯规划之前,必须要了解相关基础知识,知道职业规划的含义、目的、步骤等核心内容,理解职业规划的方法,为后续的规划实战打好基础。如果只是机械地按照模板填充,最终得到的规划,要么是画饼充饥,要么是纸上谈兵。这不仅根本起不到指导职业发展的作用,还有可能把人带到沟里,耽误大好前程。

对西湖区755名退役军人的调查显示,超过80%的退役军人对职业生涯规划了解也愿意尝试,说明他们的心态开放,也希望对未来有更加全面和理性的思考。其中超过50%的人听说过,准备尝试,本章内容很可能是他们的及时雨。另外,只有20%的退役军人不太了解职业生涯规划,建议认真阅读本章内容,转变观念并积极尝试。具体数据如表3-1所示。

表3-1 西湖区退役军人职业生涯规划的状态

选项	人数	比例
A 比较了解,也尝试过	187	24.77%
B 听说过,准备尝试	415	54.97%
C 听说过,觉得对我没多大用	117	15.50%
D 没听说过,或者不关心这事	36	4.77%

超过60%的退役军人对职业生涯规划有兴趣,如果有专业的指导就为自己做一个规划。只有20%左右的退役军人表示没兴趣,18%的退役军人希望专业人士帮他们做。本章将提供具体的方法和实例,相信会对退役军人有较大启发。具体数据如表3-2所示。

表3-2 西湖区退役军人职业生涯规划的态度

选项	人数	比例
A 很有兴趣,如果有专业的指导就认真做出一个规划	122	16.16%
B 有兴趣,如果有专业的指导就试试	335	44.37%
C 兴趣一般,希望专业的指导帮我做	139	18.41%
D 没兴趣,不需要做什么规划	159	21.06%

一、职业生涯规划的定义

狭义而言,职业生涯是指一个人从职业学习开始到职业劳动结束的全部过程。广义而言,职业生涯是一个人一生中所有与职业相连的行为与活动,以及相关的态度、价值观、愿望等连续性经历的过程,也是一个人一生中职业、职位的变迁及职业目标的实现过程。

职业生涯规划,则是针对这一过程,从自身出发进行全面客观的分析,并进行职业定位,树立职业目标,然后根据目标制订行动计划,并在规定的时间内完成该计划。虽然受到外界很多因素影响,但个人对自己的职业发展有一定的选择权和控制力,可以利用所遇到的机会,从自己的职业生涯中最大限度地获得成功与满足。这也是职业生涯规划存在的理由和重要性的体现。

20世纪60年代,国外涌现出大量的生涯发展和生涯辅导理论,如罗伊的人格理论、鲍丁的心理动力理论、柯朗伯茨的社会学习理论等。进入20世纪70年代,舒伯提出了多重角色生涯彩虹图,描绘出一个多重角色生涯发展的综合图形,形象地展现了生涯发展的时空关系,更好地诠释了生涯的定义,具体如图3-1所示。

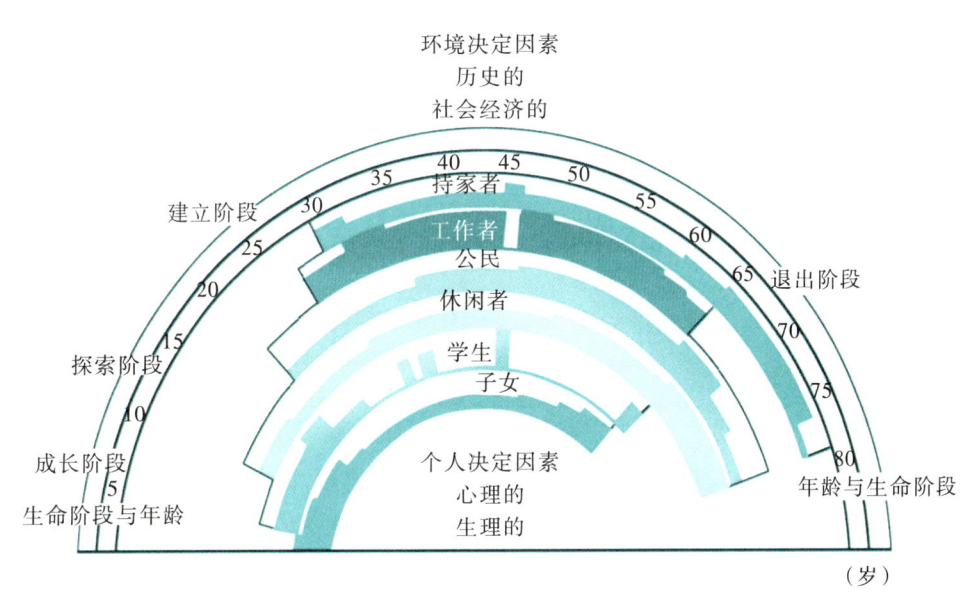

图3-1 多重角色生涯彩虹图

在生涯彩虹图中,最外的层面代表横跨一生的生活广度,又称为大周期,包括成长期、探索期、建立期、维持期和衰退期。里面的各层面代表纵观上下的生活空间,由一组角色和职位组成,包括儿童、学生、休闲者、公民、工作者、家长等主要角色。各种角色之间是相互作用的,一个角色的成功,特别是早期角色的成功,将会为其他角色提供良好的基础,反之,一个角色的失败,也可能导致另一个角色的失败。舒伯进一步提出,为一角色成功付出太大的代价,也有可能导致其他角色的失败。

参考生涯彩虹图,职业生涯一般划分为类似的五个阶段:

一是成长阶段,即职业的幻想期。认同并建立起自我概念,对职业的好奇逐步占据主导地位,有意识地思索职业能力培养与未来职业的结合。

二是探索阶段,即职业的寻觅期。主要通过学校学习来进行自我考察、角色鉴定和职业探索,完成第一份工作的选择,并实现初步就业。

三是确立阶段,即职业的发展期。获取一个适合自己的工作领域,并谋求发展,这是大多数人职业生涯中的核心阶段,是人适应职业需要逐步走向职业成熟和职业成功的重要阶段。

四是维持阶段,即职业的成熟期。维护已获得的成就和社会地位,维持家庭和工作两者之间的和谐关系,开发新的技能,将职业强化或转化为职业理想。

五是退出阶段,即职业的收获期。逐步退出和结束职业生涯,开发更广泛的社会角色,减少权利和责任,做好适应退休后的生活准备。

无论是年龄还是职业发展,毕俊营都正好属于确立阶段。因此,他更要重视职业生涯规划,充分利用在学校提升学历的机会,既刻苦学习理论知识,又多和老师、同学交流,并尽可能参加社会实践,为实现将来的职业和人生目标奠定坚实基础,保证未来的职业生涯像彩虹一样美丽。

二、职业生涯规划的作用

职业生涯规划主要有五大作用:

1. 明确职业选择

如果有明确的职业选择,就可以将眼光放得更加长远,更加理性地选择行业、职业和岗位。根据目标单位的发展潜力和自己在单位的发展前途,而不是盯着工资、编制不放。很多退役军人和其他年轻人一样,进入社会后经常折腾和受折磨:求职时要么工资、福利待遇、地理位置、工作条件、团队氛围等方面都要求十全十美,因期望值过高而错失很多机会;要么幻想"一招鲜吃遍天",或者抱着"反正不花钱"的心理盲目海投求职邮件,结果收效甚微,体会到"单相思"的苦涩。

2. 坚定职业信心

每个人的职业旅程是一场长达三四十年的马拉松,即使某些人在第一个10千米跑进前十名,也并不代表他们能率先冲过终点。而且比赛过程中经常会有人超越,有人掉队,甚至有人中途退出……很多退役军人也时常在焦虑、迷茫中煎熬——面对加班、考核指标、领导批评时，才发现自己没那么坚韧，时常有喘不过气的感觉。几个想法也时常在脑海浮现：这种生活是我想要的吗？这份工作值得再做下去吗？不做又能去哪里？如果能做好一个长期的准备和规划，就会淡然看待过程中的波折，坚定地向着终点进军，让自己成为那个笑到最后的人。

3. 理顺职业过程

好的职业生涯规划，能让退役军人在职业发展过程中，得到用人单位更多的重视和培养，少走弯路，更早进入稳定快速的发展通道。否则，这山看着那山高，随波逐流，频繁跳槽。往往这样折腾三五年之后，不仅很难在一个专业的领域内积累足够的工作经验，为今后职业发展奠定坚实的基础，而且这种频繁的折腾也会影响用人单位的评价，职业心态也会越来越浮躁，从而形成恶性循环。

4. 提供成长指南

职业目标确定之后，更重要也更困难的是如何实现目标。职业生涯规划提供了路线图，指导退役军人按照规划一步一个脚印地前进。在职业目标的引导下，以每天的点滴积累和进步，获得每个阶段的进阶，进而实现每个层次的突破和飞跃。

5. 从容应对变化

在知识经济和先进科技高速发展的大背景下，许多新兴职业应运而生、层出不穷，颇有白居易西湖诗篇中"乱花渐欲迷人眼"的景象。如果能够顺应潮流，就可以不被外界的变化扰乱心智、迷失方向，而是享受"浅草才能没马蹄"的快乐，飞驰在光明大道上，甚至成为时代的弄潮儿，体验宋代潘阆描绘的钱塘江上"弄潮儿向涛头立，手把红旗旗不湿"。

三、职业生涯规划的基本原则

1. 独特性

由于每个退役军人家庭环境、教育经历、能力、素质、价值观、思维方式、行为方式等不同，所以职业生涯的发展目标、实现方式也各有特点，彼此不同。

2. 阶段性

长远的职业目标不可能一步到位，而要将长远目标按照时间顺序分解成很多阶段，每个阶段都设置相应的小目标，构成一个目标体系。以阶段目标引领阶段行动计划和任务，步步为营，循序渐进，最终实现长远职业目标。

3. 相关性

职业规划中，不能脱离实际或者空想，而要关注三个相关：一是要与社会环境、职业环境和职业技能要求相关；二是要与自身的性格特征、心理状态、知识技能水平相关；三是要与当前职业目标、长远职业目标,以及人生目标相关。如果不考虑这些相关性,制订的职业规划将会成为无源之水、无本之木,基本无法操作。

4. 动态性

职业规划完成之后,不可能一成不变,因为社会进步、职业环境、技术发展和自身水平都在动态变化之中,职业规划也只能适时调整,否则就会沦为"一次性纸巾"。

5. 指导性

以职业生涯目标为方向,有针对性地参加学习、培训和社会实践活动,有计划、有步骤地提升自己的知识、能力、资历等综合素质,并有意识地塑造自己的职业性格、职业素养和职业精神,就能强化自身优势,弥补短板。

第二节 职业生涯规划的主要方法

本节所介绍的方法,都可以更加客观全面地分析职业生涯中面临的影响因素,目的是制订更加合理、有效的行动计划。在很大程度上,各种方法虽然在具体过程等方面存在差异,但最终实现了殊途同归——产出行动计划。因此,本节将重点介绍职业生涯规划的各种方法,而在第四节中统一给出行动计划。

一、SWOT分析法

SWOT分析法中,四个英文字母分别代表:优势(Strength)、劣势(Weakness)、机会(Opportunity)、威胁(Threat)。其中,S、W代表内部因素,O、T则代表外部因素。

企业管理中,这一方法常用于分析自身和竞争对手的情况,制订企业发展战略。由于处于探索阶段的退役军人,与市场上面对竞争的初创企业非常相似,因此,本方法也适用于处于探索阶段的退役军人。

本书第二章中提供的方法和工具,已经帮助退役军人对自身的职业价值观、职业兴趣等方面特点进行了深入发掘和了解;通过网络搜索和咨询有经验的人士,应该也初步锁定了几个目标行业。此时,可用SWOT分析法进行更加深入精细的分析。

需要强调的是,如果希望进入某个行业,从事某项工作,必须坚持"具体问题具体分析"的原则。实际操作时,最好对照某个目标单位中具体岗位的详细工作要求,进行细致分析。

1. SW分析(优势与劣势分析)

分析优势与劣势时,相对于具体岗位,重点是思考自身因素的优缺点。首先要对照岗位的要求,提炼自己职业发展的竞争优势与劣势。其次,要明白竞争优势中哪些可以保持以及哪些需要继续强化,以维持优势;竞争劣势中,哪些确实很难改变,哪些可以改变,甚至可以成为优势。以此来提高自信,并有针对性地参与竞争,不断成长。

特别要注意的是,优势与劣势不是绝对的,而是相对的。很可能对某个岗位而言的劣势,对于另一个岗位则会变成优势。比如性格内向,对于销售岗位可能是劣势,但对于财务岗位则变成优势。另外,优势与劣势不是一成不变的,而是可以通过学习和培训改变的。

2. OT分析(机会与威胁分析)

如果行业和目标单位受到较多外界消极因素的影响,那么可想而知,在里面打拼能得到的机会将非常有限或容易失去。相反,充满积极外界因素的行业和目标单位,其中的职业前景是海阔天空、大有可为。"选择比努力重要""男怕入错行",都是很符合现实的。

分析时最好能借助行业报告、与单位内部人员交流等方式,对行业、目标单位、岗位都简要分析一下,到底有什么主要的机会与威胁。

3. 对照分析

SWOT分析之后,是更加重要的一步:为实现目标创造条件。制订一年内的职业目标,以及分解的月度目标,对照目标岗位的要求和自己的实际现状,认真细致地考虑:需要强化什么优势、弥补哪些劣势,利用哪些机会,面对哪些威胁。

要强调的是,SWOT分析法是一种科学分析法,帮助使用者全面地思考自身和外部环境双重因素,不至于"一叶障目,不见泰山"。经过分析之后,可以找到让自己较为满意的答案。

4. 注意事项

在做完SWOT分析后,如果还不知道该如何决定,可以再把SWOT进行整理,进而分类整理出SO、WO、ST、WT四种策略组合。如果多策略同时使用,尤其要注意自己的目标和重点所在,否则容易出现"选择恐惧症"。

对于前途光明的年轻人而言,建议以SO(优势、机会)为主思考未来,毕竟在一个向上的时代,应该更加积极、勇敢、开放地拼搏奋斗以争取更多机会,而不是盯着劣势或威胁缩手缩脚,在犹豫不决中错失很多机会。

5. 实例

下面以毕俊营为例进行简要分析,演示SWOT分析方法的应用。

个人背景:毕俊营,男,1995年出生,2019年退役,现在浙江某技术学院学习轨道交通运营管理专业,将于2021年7月毕业。目前希望进入交通运输行业,在客户服务部门工作。对毕俊营的SWOT分析如表3-3所示。

表 3-3 SWOT分析实例

优势（Strength）	劣势（Weakness）
*担任三年班长，经常代理排长，团队管理能力较强 *考虑问题周全，执行力强 *在部队造就了很强的吃苦精神，不怕困难和挑战 *生活态度积极，即使遇到不理想的环境、经历或人，也主要关注光明的一面 *有责任心，做事认真、踏实 *待人真诚，乐于助人，无论是朋友还是陌生人 *喜欢阅读，对感兴趣的事情能够坚持努力 *关心国家和社会，有自己的见解，也喜欢和别人讨论、分享	*口头和书面表达能力不强，逻辑性和条理性不够，有时啰唆、抓不住重点 *学历相对不高，在后期升职时可能会有障碍 *工作、学习中偏保守，冒险精神不够，竞争意识不强 *主动性不够，经常要等到领导下命令才行动 *做事有拖延症，缺乏雷厉风行的作风 *做事不够果断，想得太细太多，导致犹豫不决
机会（Opportunity）	威胁（Threat）
*专业符合经济发展趋势，发展前景光明，需求旺盛。客户对于交通出行服务的标准水涨船高，而行业内综合素质优秀、能够独当一面的人才非常匮乏 *杭州将成为国际化大城市，交通运输基础设施正处于大发展阶段，岗位和机会也爆发式增长 *公司所属集团实力雄厚，如果表现优异，有较多机会进入省公司，甚至到总部发展 *家庭中有长辈在同一行业，能够提供实质性的指导和帮助 *所在学校提供了很好的条件，教学基础设施完善，学习氛围浓厚，也有机会参与很多社会实践项目。可以积累更多的实战经验，与行业资深人士接触、交流、学习，提高自身素质	*杭州的城市吸引力大，大量年轻人才涌入，竞争和挑战也加大，对个人的综合素质要求也更高 *距离毕业还有一年半的时间，疫情影响不一定完全消除，可能会减少就业机会或收入 *想要成为优秀人才，专业知识储备和综合素质要求越来越高 *工作中要面对形形色色的人，服务满意度等考核指标众多，工作压力大

由于毕俊营一年内的目标就是顺利入职杭州某个交通运输集团，因此对照他向往的客户服务岗位，得到的分析结果如下：

需要强化的优势：团队管理能力较强，执行力强，不怕困难和挑战；

需要弥补的劣势：口头和书面表达能力不强，学历相对不高；

可以利用的机会：家庭中有长辈在同一行业，学校提供了社会实践项目；

必须面对的威胁：专业知识储备和综合素质要求越来越高，工作压力大。

二、"五W"归零法

这一方法的基本理念是，抛开当前一切已有的条件，假设自己是从零起步的100%小白：从问自己是谁开始，然后一路问下去，共有五个以"W"开头的问题：

Who am I? （我是谁？）

What do I want to do? （我想干什么？）

What am I able to do? （我能干什么？）

What am I permitted to do? （环境支持或允许我干什么？）

What should I do? （我应该干什么？）

以上五个W，涵盖了职业目标、职业定位、自身条件、发展计划等诸多方面，围绕五大关键问题，进一步细化和设计，力求将自身条件和职业要求匹配，使职业生涯规划更具有实际意义。

1. 操作过程

具体操作过程如下：准备好五张白纸、一支铅笔、一块橡皮；在每张纸的最上边分别写上以上五个W；然后，静下心来，排除干扰，按照顺序，专注思考每一个问题。

第一张纸是第一个问题"我是谁"。回答的要点是：坦诚面对自己，不夸大也不掩饰，真实地写出每一个想到的答案；多想几次，直到确定没有遗漏了，按重要性排序。

在第二张纸上，面对第二个问题"我想干什么"，回忆自己真心想干的事（以职业领域为主），并一一记录，同样是确定无遗漏之后，按渴望程度排序。

在第三张纸上，面对第三个问题"我能干什么"，把确实证明的能力和自认为还可以开发出来的潜能都一一列出来，同样是确定无遗漏之后，按实际可能性排序。

在第四张纸上，面对第四个问题"环境支持或允许我干什么"，回答时则要稍做分析：所谓环境，包括家庭、所在单位、所在城市、所在省，认真想想自己可能从中获得什么支持和许可，同样是确定无遗漏之后，按真实的支持力度排序。

这四张纸写好之后，把它们和第五张纸一起呈"一"字排开，然后认真比较第一至第四张纸上的答案，将内容相同或相近的答案用一条横线连起来，会得到几条连线。不与其他连线相交且又处于最上面的线，就是最应该去做的事情，职业方向即以此为准。

根据确定的职业方向，以五年为单位，提出近期、中期与远期的目标。然后，在近期的目标中提出今年的目标，并进一步分解为每季度目标、每月目标、每周目标。这样，就能及时对照目标总结经验与教训，以更加高效的行动实现目标。

2. 实例

下面以毕俊营为例进行简要分析，演示"五W"归零思考法的应用，如图3-2至图3-5所示。

(1)我是谁?

退役军人,军龄五年,担任过两年班长;评上过一次优秀士兵,说明领导对我比较认可。

工作希望合乎自己的性情,不要求很多的钱,但需要体面而丰富的生活,有车有房、收入达到社会平均水平即可。

心理健康,情绪乐观。

表弟去年从国外大学毕业回来,现在杭州一家知名互联网公司工作,有点羡慕他。

身体强壮,喜欢篮球和观看赛车;喜欢唱歌,曾获得过全校歌咏比赛冠军,有时会幻想选秀成功之类。

图 3-2 "五W"归零法第 1 页

(2)我想干什么?

在工作和专业领域达到较高水平,受到客户充分尊重。

有时想与人合伙开店,自己负责团队和行政,合伙人负责业务开发。

在父母有生之年能够多尽一点孝心,两家房子保持"一碗汤的距离"。

有心仪的女性朋友,尚未确定恋爱关系,如果可能的话,30岁之前结婚。

图 3-3 "五W"归零法第 2 页

(3)我能干什么?

在浙江某职业技术学院学习交通运输相关专业,将来便于进入本行业。

开车技术好。

性格沉稳,比较会关心人,适合做客户维护、售后服务等工作。

可以直接和客户打交道,能深度参与和实践。

能够应对突发或处理紧迫的事情,并照顾周边人的需求。

参加过专业的户外运动培训,加上军事训练,可以成为团队建设教练。

图 3-4 "五W"归零法第 3 页

(4)环境支持我干什么?

家庭支持我找一个稳定工作,收入不高也无妨;也支持我继续提高学历。

专业属于交通行业,在杭州前景光明,就业和升职机会较多。

父母收入完全可以保证家庭开支;希望我早点结婚,还能帮我带孩子。

有朋友拉我合伙开店。

图3-5 "五W"归零法第4页

上面四张纸写好之后,毕俊营把它们和第五张纸一起呈"一"字排开,然后认真比较第一至第四张纸上的答案,进行连线。发现职业方向应该是:先在学校学好专业,按时顺利毕业,进入轨道交通集团;踏实努力工作,争取三年内成为主管,年收入达到十万元;五年内成为部门经理;建立小家庭;有足够的财力和精力之后,如果找到好的商机,合伙开店创业。

既然近期的目标是按时顺利毕业,今年的目标也顺理成章,就是在学校学好专业。相应地,每季度目标、每月目标、每周目标就可以按照学校正常计划推进。当然,他也要多参加实习和集体活动。

即使不用这种方法进行职业规划,对于重新进入社会的退役军人而言,拥有归零心态仍然是非常有益的。尤其是面对一个陌生的行业和岗位时,要拿出当年新兵训练营时的劲头,敢于承认自己是新手,承认自己不知道,承认别人比自己强。最重要的是,把失落、抱怨等负面情绪归零,切忌躺在功劳簿上等着天上掉馅饼,不思进取。

三、职业愿景法

职业愿景,是个人希望达到的职业理想状态。个人如果有了正确的职业愿景,就能确立事业发展方向,也会对自己的职业前途充满信心,乐于把精力倾注到自己热爱的事业中去。

与上述归零法恰好相反,运用职业愿景法进行职业规划时,是运用远见思维,站在未来回头看向现在。这类似于制订旅行计划,先确定目的地之后,再考虑怎样开车到达那里。

1. 步骤

职业愿景法可分为四步,如图3-6所示。

```
设定职业愿景  ⟶
寻找职业路径  ⟶    达成职业愿景
划分成长阶段  ⟶
加强职业水平  ⟶
```

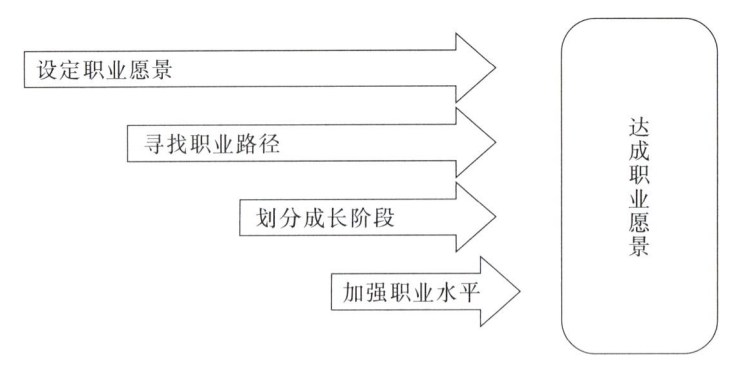

图3-6　职业愿景四步法

（1）设定职业愿景

首先想象自己十年之后成为什么样的人，职场中做到什么级别。可找身边年长的成功者作为标杆，看看他们的综合状态，包括职位、收入、家庭、影响力等。如果是自己向往的，就可以设定这种状态为职业愿景；如果不是，就扩大范围，直到找到为止。

当然，如果想象力或实践经验丰富，也可以自己描绘出美好场面。

（2）寻找职业路径

制订好职业愿景只是美好的开始，更重要的是如何实现。

如果找到了标杆，就悉心研究标杆是如何达到那种向往的状态的，找到对方的成功路径。成功路径可以有很多条，有的是电梯式，有的是螺旋上升式。最好是根据上级要求，参考常规路线。比如在机关和事业单位发展，一般要遵循机关、基层的切换；想成为独当一面的企业高管，大多需要经历国企、民企、外企中的不同历练。

也可以与标杆本人深谈，咨询对标杆非常了解的人，或者行业内类似大咖的成长经历——这些从网络、出版的传记等公开渠道都不难获得。

（3）划分成长阶段

采用"照葫芦画瓢"式的模仿法，先根据标杆的成长路径，找出几个关键阶段、标志性结果和实现条件，再倒推自己的阶段目标和计划。此时只要认真模仿，不必担心太"Low"，等达到类似高度之后再考虑更好的方式。

（4）加强职业水平

无论选择哪条路径，退役军人都可以从宽度、深度和高度三个维度尝试加强职业水平，促进职业愿景的实现。

所谓宽度，就是在自己的工作范畴之内，尽量创造一些让自己具备新技能的经验和机会，来提升自己的职业含金量。例如申请轮岗、参与跨职能的项目，甚至在单位内部承担一些其他部门的工作，成为真正的多面手。

另外，不断提升可迁移技能，就是那些必需的、不会过时的、不会受外界的影响而淘汰的技能。对于退役军人而言,应该重点关注四个方面:自知、沟通、影响他人和持续学习。

所谓深度,就是在自己的职业或者是专业领域,不断地深入学习,拥有解决实际问题的能力,建立自己的专业形象和口碑。这个维度,不仅适用于一些专业性比较强的职业,任何一个职业要达到相当的专业度,都需要长期学习和积累。比如杭州萧山机场的保洁谢立芳,开发出独门的除污办法,在她眼中没有搞不定的污渍,在非常平凡的岗位上发挥匠人精神,受到机场和旅客的交口称赞,她的事迹还被人民网报道过。

要达到这样的境界,需要积累有价值的职场经验,就是在将本职工作做得出类拔萃的过程中积累的经验,而不是老牛耕地式的简单重复。比如一位维修工程师,如果仅仅满足于五年(10 000小时的工作时间)坚持不懈地修理某种设备,却不能做到一看到故障就能判断出是哪些部件可能出毛病,那么这就只是一个低水平的简单重复。因为缺乏持续突破自己的针对性练习,也没有经过认真系统的总结提升,这种经验并不能被称为有意义的经验。形象点说,是老马拉车的经验,不是千里马的经验。

所谓高度,除了职称、职位、社会地位等显而易见的指标,还有业内认可、职业名誉等隐性但可能更加重要的指标。

只要在宽度和深度上有了足够的积累,自己又乐于承担带领团队的责任,让他人能够看到你的能力和意愿,自然就会水到渠成。

2. **实例**

下面以毕俊营为例进行简要分析,演示职业愿景法的应用。

他的舅舅初中毕业后,进入杭州交通公司工作,被分配在维修车间。舅舅通过自己的不懈努力,现在担任维修公司副总经理。毕俊营觉得在比较了认识的亲戚朋友、老师领导后,还是以舅舅为标杆最合适。原因在于四个方面:

首先,舅舅不仅事业成功,而且为人豪爽大气,对亲友帮助很多,很多方面是毕俊营敬佩和羡慕的;其次,通过与母亲和舅舅的交谈,他对舅舅的成长历程了解很多,甚至包括很多只能和家人分享的细节,能够更好地掌握行业成长的"门道";第三,舅舅的起点相对较低,但凭借自己的勤奋努力,从起步阶段就实现了相对同批入职员工的领先,这是特别吸引和启发毕俊营的;第四,舅舅经历了从普通员工到公司高层管理的完整步骤,又同在交通运输行业,其中的经验教训应该是最值得借鉴的。

舅舅是42岁时晋升为副总经理的,当时属于比较年轻的干部。但在分析杭州交通运输的发展势头和行业内平均晋升速度后,毕俊营认为自己十年后即35岁时达到相同的管理级别(或管理团队的规模),可行性很高。因此,他将自己的职业愿景设定为35岁晋升为杭州某公司高管。

职业路径方面,公司也有类似的职能部门和基层交替锻炼要求,因此路径设计的基本思路是:从基层起步,成为专业能手,做好小型团队管理;中间穿插到公司职能部门挂职锻炼,但重点还是在一线打拼,成为能够独当一面的业务和管理"两开花"人才。

参考舅舅的成长路径,毕俊营找到四个标准的关键阶段:主管、部门副职、部门经理和公司高管。每个阶段的标志性结果都是职位和收入的提升,实现条件主要是技能证书、职称、实际管理经验和学历,因此毕俊营可以设定四个职位为阶段目标,相应地进行综合的积累。比如,三年内拿到中级技能证书,获得两个实战项目经验,需要时考取MBA学历,等等。

加强职业水平方面,第一和第二个阶段的重点是深度,第三个阶段之后以宽度为主,因为高管需要更加宽广的视野。

第三节 职业生涯规划的基本步骤

职业生涯规划的目的是建立职业发展目标(或简称为职业目标),并制订行动计划。

对西湖区755名退役军人的调查显示,将近70%的退役军人清楚自己的职业目标,其中超过21%的人非常清楚。这是个值得欣慰的现象。不过,还有30%的退役军人对职业目标不清楚或没考虑过,说明他们现在处于一定程度的迷茫状态。具体数据如表3-4所示。

表3-4 西湖区退役军人对职业发展目标的认识

选 项	人 数	比 例
A 非常清楚	160	21.19%
B 清楚	359	47.55%
C 模糊	162	21.46%
D 没考虑过	74	9.80%

制订职业生涯规划主要分为五步,如图3-7所示。

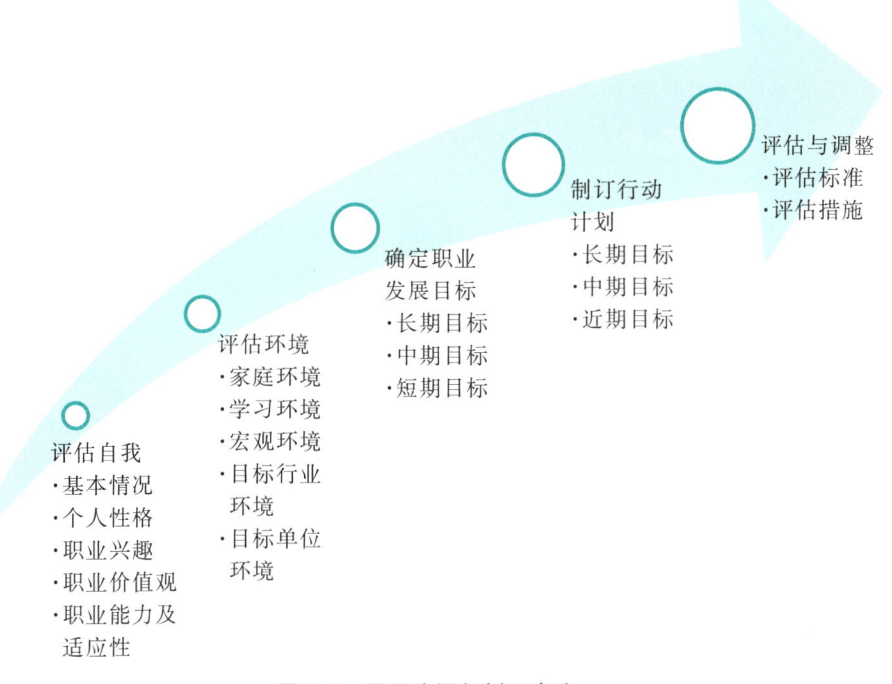

图 3-7　职业生涯规划五步法

一、评估自我

在评估自我这一步骤中,主要应用第二章的结论。对自己的职业兴趣、爱好、性格、能力进行全面评价,从而更加清楚地认识自己的优点和不足。评估自我时,不仅需要退役军人对当前自己的素质做出适当、全面、客观的评价,而且应当着眼于未来发展变化,预估自己将来的发展潜力和前景。例如,某些从前需要动手能力很强的岗位,头脑灵光而笨手笨脚的人根本无法胜任。而现在有了3D打印技术,只需在电脑上设置相关参数即可。只要有决心能操作好软件,手拙一点也没问题。

二、评估环境

评估环境,是为了帮助退役军人了解自身能力与社会需求、工作环境等外部条件是否能够较好匹配,避免像学会了"屠龙术"却英雄无用武之地之类的情况。最好是岗位的条件、要求、性质与自身条件高度匹配,选择条件更合适、更符合自己特长、更感兴趣、经过努力很快能胜任、有良好发展前景的岗位,开始职业发展之路。

原则:把社会发展需要作为出发点,而不是傲娇地以自我为中心。原因在于,只有满足社会需求和利益,才能实现个人利益,是典型的"主观为自己,客观为社会"。

评估环境时,可以参照本书第一章的相关结论。也可利用本章SWOT分析中的OT分析,将机会与威胁进一步细化。得到宏观环境(政策、经济、社会和文化)、目标行业环境和目标单位微观环境的基本分析结果之后,结合自己职业探索(例如实习、查找资料)经历,得出初步结论。

关于自己所在城市的发展前景,可以用这三个简单问题做出初步判断:属于中央重点战略支持的城市群吗？上了大学的人,回来就业的人多吗？和自己条件差不多的亲戚朋友,大部分在干什么工作？

在此基础上,简要分析家庭环境和当前就读的学校环境,重点是家庭和学校能够提供哪些职业方面的支持。与上述初步结论再进行对照和比较,最终得出环境评估的结论。

三、确定职业发展目标

明确的目标,可以成为追求成功的不竭动力。

很多人在职业发展的过程中,屡屡受挫,究其原因是职业目标设定严重脱离实际,缺乏可操作性;或者职业发展目标太过短浅,抑制个人长期奋斗的热情。

1. 原则

目标确立要符合"SMART"原则,即具体的(Specific)、可衡量的(Measurable)、可达到的(Attainable)、相关的(Relevant)、基于时间的(Time-Bound)。

具体的:要求目标尽可能细化、明确,而不是宏大高远、难以落地的。比如,成为主管这一目标就很具体,而成为"知名人士"的目标则比较模糊。

可衡量的:尽量用可以量化的指标。比如,目标是"成为杭州最美退役军人"是可以的,因为可以参照最美评选标准。目标是"成为杭州最强退役军人"则不行,因为无法衡量什么是"最强"。

可达到的:要具备一定的难度,因为难度过高达不成会使人沮丧,目标容易达到也会让人失去斗志。最好是那种竭尽全力就能达到的,类似于使劲跳起来就能够得上的。

相关的:要与职业和现实生活相关,与期望职位、应用技能水平、工作要求等方面紧密联系。

基于时间的:规定一个期限,比如,两年内成为部门主任,五年内成为部门经理。

2. 建立职业目标体系

以愿景法得到的目标为主要参照,制订长期目标,进而不断分解。目标分解是为了使目标更加清晰化和具体化,帮助退役军人在现实环境和美好愿望之间建立起可以拾级而上的途径,了解每一步需要做什么。这些阶段性目标,类似于"打怪升级",不断突破它们,可以提高信心和动力。

目标分解的结果,是由远而近的,分别制订十年、三至五年和一年目标,也可称之为长期目标、中期目标、近期目标。

四、制订行动计划

为实现目标,需要思考当前处于职业生涯的什么位置,评估个人的职业发展规划与当前所处的环境以及可获得的资源是否匹配,并制订出未来的发展计划。

为了更好地发挥职业生涯规划的指引作用,需要参照质量管理中经典的 PDCA 四阶段模型,即计划(Plan)、执行(Do)、检查(Check)、处理(Action),形成一个完整的闭环。

1. 制订行动计划的原则

(1)有效性。与职业目标的实现直接相关,每个行动都是实现目标的必备条件。

(2)针对性。始终关注保持个人优势、弥补自身不足、全面提升个人职业竞争力,扬长避短,取长补短。

(3)各有侧重。近期行动计划要详尽,中期行动计划要清晰并具有灵活性,长期行动计划要有方向性。

2. 制订行动计划的方法

制订行动计划,主要采用"3W"方法,即回答要做些什么(What)、什么步骤(What to do),以及什么时候完成(When)三个问题,将行动计划逐条落实。例如,为提升为部门经理,需要两年时间完成管理学位的学习,这就需要为此制订相应的步骤及时间表,确定为达成目标所需要的资源,其中包括课程、工作经验以及关系等。

3. 制订行动计划的步骤

完备的行动计划,应该包含六个步骤:

(1)明确各阶段具体目标;

(2)确定行动内容、所需资源和责任;

(3)制订重要行动的时间表;

(4)根据预期达到的结果,制订应变方案;

(5)按照时间顺序列出详细的行动计划;

(6)以分阶段的具体目标为基础,实施、监督执行并做出评估。

行动计划应与职业目标分解一致,分别写出十年、三至五年和一年计划,也可称之为长期计划、中期计划、短期计划。

4. 制订长期计划

长期计划一般指毕业后十年的计划。长期计划基于愿景,粗略地描绘自己达到什么状态,可从事业、生活、身心健康、婚姻家庭、子女教育等多方面说明。

5. 制定中期计划

中期计划一般是三至五年的计划。根据长期计划设定的状态,将这些状态进一步具体和细化,包括目标分解,以及大致如何分阶段实施。俗话说,良好的开端是成功的一半,前面做不好,后面也很难成功。因此前三年的计划,要比五年计划更具体、更详细,重点关注职场适应措施、人脉积累等方面。

6. 制定近期计划

近期计划最重要,也应该最详细。将一年计划细化为每月、每周的计划,实现计划的步骤、方法与时间表,以及应完成的任务,成果的质量要求,准备投入的资源,等等,务必切实可行。

五、实施、评估与调整

1. 实施成长计划

执行就是具体运作,实现计划中的内容,将成按照职业生涯规划实施策略落实到每一天、每个月、每个季度和每一年。在落实行动期间,要不断地进行总结,不仅要分析你的职业规划方案,还要分析社会需求、环境变化,时刻把握科学性、合理性。

实施过程中,最重要的是自律,尽可能保质保量地完成计划。比如计划每天读书20页,要制订配套的奖惩措施。又比如,完成了奖励自己一个好菜,不能完成则要跑步1000米等。

2. 评估与调整

虽然退役军人在制订职业生涯规划的过程中已经进行了多方面的思考,但是由于信息来源有限、判断能力不高,或者随着政策、技术等外部因素的变化,原来的规划中必然存在未曾想到的问题。因此,要在相关因素出现重大变化时,或者在特定的时间或阶段节点,对职业目标和计划执行情况进行总结、评估,并进一步优化调整规划。

这类似于开车出行,导航给出的计划也要根据路上是否拥堵、路线是否偏离等情况,及时做出调整。哈佛的著名教授克莱顿·克里斯坦森在《你要如何衡量你的人生》一书中论述了职业规划的不确定性,并结合自己的成长经历呈现了他是如何不断调整自己的职业目标,最终达到了自己满意的状态的。

为了能够实现最终目标,退役军人必须确定目标和判断目标进展状况,评估实际和目标之间的差距,判断有哪些改善机会和改善需求,记录有什么经验教训,以确保前进的方向不偏离。根据计划与实际之间存在的差距,确定以下内容。

学习任务没有完成时,检查是自己懈怠还是任务太重,从而对自己的状态或规划进行调整。

是否能够体现自我能力,是否能够感到幸福和满足感,是否可以提高自我的职业生涯发展,等等。

对毕俊营而言,如果他进入了一个有编制的单位,适应工作之后,就应该尽快评估自己的能力能否考上现在所在工作单位的编制。根据历届招考难度,如果评估下来有希望的话,就选择努力去考上这个编制。如果评估下来发现考编制对于他难度实在太大,运用本章的三种方法,尝试重新思考职业生涯规划,探讨是否有必要进入发展空间更大、自己也有用武之地的领域。

进入单位后,他可以在每年绩效评价结果出来后,找出自己的优秀及不足之处,以及自己与公司的长期发展规划相匹配或矛盾之处,与单位进行沟通,进行调整。

最重要的是,无论是否留在这个单位,都要不断学习新的技能,增加自己职业发展的筹码。

第四节 职业生涯规划书写作

一、职业生涯规划书的结构

一份完整的职业规划书,主体部分由封面、扉页、目录、正文、附录等组成,附加前言和结尾。

前言主要说明职业生涯规划书的意义、目的、主要理论依据、目前对职业生涯的认识和感悟,以及当前的基本情况,如年龄、工作状态等内容。结尾一般包括鼓励自己执行规划的决心和保障措施,包括对自己完成任务的奖励,或者完不成任务的惩罚,等等。

主体部分的框架结构如下:

前言

第一章　职业自我认知

1. 个人基本情况

2. 个人性格

3. 职业兴趣

4. 职业价值观

5. 职业能力及适应性

自我认知小结

第二章　职业环境分析

1. 职业探索经历和总结

2. 家庭环境

3. 学校环境

4. 宏观环境（政策、经济、社会和文化）

5. 目标行业环境（中观）

6. 目标单位环境（微观）

职业环境分析小结

第三章　职业目标

1. 职业方向和目标确定

2. 职业目标分解

第四章　行动计划

1. 长期计划

2. 中期计划

3. 近期计划

第五章　评估与调整

1. 评估标准

2. 调整措施

二、写作要点

1. 第一章：职业自我认知

这一部分的写作任务有两项：

一是将个人与职业相关的各种情况客观地呈现出来，包括身体素质、心理素质（性格、兴趣、价值观）、所受教育等，回答好"我喜欢做什么工作""我适合做什么工作""我能自己工作""我希望做什么"这四个问题。

二是找出适合自己的三个目标职业，对照岗位要求，可以参考SWOT分析，分析和说明自己的优势和劣势。

2. 第二章：职业环境分析

这一部分可以参考SWOT分析和"五W归零法"中的结论，写作任务也是两项：一是分析目标职业的特点以及职业环境因素，回答"社会发展需要什么样的人才""环境支持或允许自己做什么"等问题；二是目标职业的外部环境中存在哪些机会和威胁，以更加全面的分析来进一步筛选出首选和重点关注的职业。

这一部分写作常见的问题如下：

(1)了解职业及其环境的途径单一、信息失真

目前大多数退役军人了解职业信息的途径主要还是网络，虽然享受了丰富快捷，但网络中大量过期和失真的职业信息，严重阻碍了他们了解职场的真实状态。

为避免这种情况，最好的方式是亲自获得职业信息，比如积极参与社会实践，或者到目标单位实习。在实践和实习过程中做一个有心人，认真观察目标岗位的工作内容、强度和要求，通过聊天等方式吸收与职业前景相关的重要信息，对职业前景形成更加真实可靠的理解。

如果没有得到类似的机会，也可以尝试间接的方式。从一些正规、专门的新闻栏目，比如腾讯新闻出品的《中国人的一天》、网易新闻的《大国小民》中，可以看到很多职业工作者的真实状况和心理；也可以观看一些优秀的职业电视剧，虽然有些情节比现实夸张，但很多涉及职业特点的内容还是非常值得借鉴的。

(2)对环境分析泛泛而谈

许多退役军人都只关注宏观经济，而不重视行业的特点、发展趋势和就业形势，以及岗位对工作的具体要求，因此很难做到分析得全面而具体，尤其缺乏真正能够帮助自己找到和适应目标岗位的内容。

另外，也有很多退役军人只是简单说明家庭经济情况的好坏，而对于家庭期望、家庭成员可以提供的资源等更加重要的内容"蜻蜓点水"，可能在实际操作中失去最可靠、最有力的支持。

3. 第三章：职业目标

这一部分的写作任务，主要是将目标合理地分解。参考愿景法中的长期目标、中期目标和近期目标，建立这些目标之间的强有力关联。换言之，近期目标是中期目标的基石，能够对中期目标形成强大的支撑；中期目标对长期目标也能发挥同样的作用。

这一部分写作常见的问题是关联性弱。要么是目标之间分别看的话貌似很有道理和吸引力，但细究起来互不搭界，成为典型的"两张皮"。

因此，写作时要经常问自己这个问题：这个目标是对未来必须的和真正有用的吗？或者说，是不是不完成这个目标，未来也就无从谈起？如果目标之间形成了这样紧密的联系，就是做到了一环紧扣一环，可以成为向上的一个个台阶。

4. 第四章：行动计划

这一部分的写作任务，主要是围绕职业目标体系，制订针对性、可行性和具体性均很强的计划，特别是要详尽列出一年内的行动计划。

这一部分写作存在的主要问题如下：

(1)职业路径设计脱离实际

如某退役军人希望将来成为企业高管,其设计的职业路径和阶段为:基层锻炼(一年),初级管理(两年),中级管理(三年)。除非这企业是自己爸妈开的,按照这个路径是为了培养接班人,才有可能在这么短的时间内完成历练。

退役军人应该多与职业人士沟通、交流,了解行业和单位正常的职业路径,这也是大多数人必然要经历的路径。在此基础上,结合自身实际,设计自己的职业路径,可以稍快一点,但不能火箭式、撑竿跳式,这样才能保证职业路径的可行性和合理性。

(2)行动计划空洞

一些退役军人行动计划较为模糊,没有定出明确的时间和成果要求,造成做和不做之间的差别不大,因而失去了督促作用。或者是一些退役军人高估自己的行动力,给自己的计划安排得过度紧张,结果希望很大、失望更大,因为经常完不成计划而丧失了信心。

5. 第五部分:评估与调整

这一部分的写作任务,主要包括职业目标评估(如是否需要重新选择职业)、职业路径评估(如是否需要寻找其他的发展路径)、行动结果评估(是否需要改变行动策略)、其他因素评估(身体、经济状况以及重大机会、意外情况的评估)等。

这一部分写作存在的主要问题如下:

(1)不重视评估与调整

部分退役军人喜欢一条道走到黑,还认为自己是在发扬光大许三多的"不抛弃不放弃"精神,甚至被自己的"执着"感动。但是却不知道,这很可能是南辕北辙,在错误的道路上越加速前进,反而越难取得事业成功。

(2)评估与调整方式不合理

部分退役军人很少检查自己的计划执行情况,或者缺少明确的评估标准和评估要求,或者调整不及时,或者盲目调整。比如,即使评估也只是走个过场,没有针对性地改进短板,导致劣势恶化,根本起不到调整的作用。

三、注意事项

首先,最重要的是叙述的逻辑要一致,不能有前后矛盾之处。比如职业目标确定为进入交通运输行业成为高管,行动计划中就要按照交通运输行业的特点,设计职业路径、划分阶段,而不能简单地照搬其他行业,也不能按照技术专家的发展模式来设计职业路径、划分阶段。

其次,文中的每段甚至每一句话都应该准确、有根据。尤其是引用的数据、言论,都要核实无误并注明来源,否则会让人怀疑职业规划的诚信度。

最后，美观简洁。对封面、版面进行美化和设计，力求言简意赅、图文并茂，增强阅读的愉悦感。

参考文献

[1] 王天哲. 职业生涯规划与就业指导[M]. 西安：西北大学出版社，2014.

[2] 李坡. 大学生职业生涯规划教育内容与途径研究[J]. 亚太教育，2015(9)：284.

[3] 孙燕. 萧山机场有个最会打扫卫生的大姐[EB/OL].(2016-07-06)[2020-04-03]. http://society.people.com.cn/n1/2016/0706/c1008-28528481.html.

[4] 罗伯特·C.里尔登，等. 职业生涯发展与规划[M]. 侯志瑾，译. 北京：中国人民大学出版社，2010.

[5] 范皑皑，车莎莎. 大学生的就业预期与收入选择[J]. 教育发展研究，2014(23)：27-33.

推荐阅读书目

1. 中央党校采访实录编辑室，《习近平的七年知青岁月》，中央党校出版社，2017年
2. 刘涛，《时代长镜头（新青年）》，经济日报出版社，2020年
3. 傅国涌，《大商人：影响中国的近代实业家们》，中信出版社，2008年
4. 理查德·迪克·鲍利斯，《你的降落伞是什么颜色？》，中国华侨出版社，2014年

思考与练习

1. 你认为自己的职业优势和劣势是什么？可以询问同学、好友、父母、老师和从前的领导。

2. 想一想，谁可以成为你的标杆？从职位、收入、家庭、影响力等维度来综合分析和确定。可以和同学、好友共同完成，或者请教你的父母、老师和从前的领导。

第四章

退役军人职业决策

引 言

　　毕俊营在丁新成的指导和监督下，静下心来，一步一个脚印地向前"蠕动"。了解经济形势之后，又进行职业测评，毕俊营惊喜地发现这科学方法还真靠谱。他趁热打铁，又花了一个星期，写好一份职业生涯规划书，走上职业巅峰的目标和计划全安排上了。

　　他当天夜里翻看规划，兴奋之余，将规划和丁新成分享。发过去之后，丁新成先是一个"全中国我就服你"的表情包，又问了一句："已经死心塌地认准交通运输企业这一个啦？不再挑挑拣拣了？这又不是结婚！"

　　毕俊营也实话实说："我也不想在一棵树上吊死啊！另外还有合伙创业、事业单位保卫人员两个想法，各有各的诱惑，自然也有不同的优缺点，真不知道该挑哪个，感觉比找对象还纠结呢！"

　　丁新成很快回复："老弟啊，当初我也这么举棋不定，后来想通了，就和找对象一个道理——首先得把标准定好，明确自己最想要什么，然后才能比较和选择嘛！"

　　毕俊营有点"懵圈"了，其实自己还真不知道最想要什么。他平时也这样，别人一问他最喜欢、最难忘的是什么，他就直接"醉了"。

　　丁新成发来一大段："五险一金，单位报销手机费，不加班，包食宿，坐办公室，不出差，不下车间，工作场所有空调，人均办公面积不低于15平方米，上班可以上网，公司未婚男女比例合适，有职业发展空间，有完整的培训体系，企业尊重员工的发展愿景，讲礼貌，讲卫生，工资八千元起步，股权总要有一点点。关键是有个师傅，愿意手把手教你最前沿的行业技术和发展动态……"

　　毕俊营流着口水一条条看下来，兴冲冲地发过去一个《九品芝麻官》里面著名的"我全都要"的表情包。

　　丁新成回了一个简短的语音："炒了几个菜呀，喝成这样了？！这么多要求，还不如'钱多事少离家近'简单可行呢！"

　　一语点醒梦中人，毕俊营赶紧请教："我就按这三个标准，对工作选项排序？"

　　丁新成直接视频过来，红着脸，语气急促，肯定不全是因为刚跑步回来："咱们在部队经常唱'每一颗子弹消灭一个敌人'，这革命传统不能丢呀！按你那个标准的工作，王子公主都高攀不上！"他稍微喘了口气又说："决定干什么工作，要和决定找什么对象一样重视和认真。全面分析之后下定决心，总比吃着碗里的没味道，又后悔没在锅里试试强多了！你还是好好看看这几个职业到底是干什么事情的、辛苦程度如何、岗位有什么要求，再打个分什么的,做一下比较再决定吧!"

机关枪扫射般说完这一大通之后,看看毕俊营蔫头耷脑的样子,丁新成又拿出当年初三班主任的温柔口气:"咬咬牙,做好这个就轻松了。"

毕俊营理解他的一片苦心,便使劲咧嘴笑了起来:"不管你信不信,反正我是信了。老兄你放心吧,我肯定会踏踏实实去完成的……"

第一节 职业决策过程

职业决策过程是一个从自身到职业的全面认识,具有普适性和典型性。在这一过程中,需要循序渐进,不同阶段采取不同的方法。

一、职业决策过程

职业的决策过程大致可以分为四个阶段,构成紧密衔接、层层递进的整体,如图4-1所示。

认识自我　　　　　职业胜任度分析

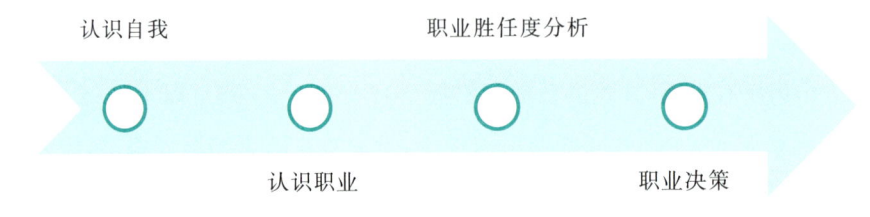

认识职业　　　　　职业决策

图4-1　职业决策过程

1. 认识自我

对西湖区755名退役军人的调查显示,在对自身能力认知的方面,有25.30%的人对自身能力非常了解,有约24%的人对自我能力认知较少,具体数据如表4-1所示。

表4-1　退役军人自我能力认知情况

选项	人数	比例
A 非常了解	191	25.3%
B 了解	387	51.26%
C 不是很了解	87	11.52%

续表

选 项	人 数	比 例
D 一点也不了解	37	4.90%
E 没考虑过	53	7.02%

刚开始求职时,大多求职者都有对自己认知不正确的问题,不是对自己的水平认知过低就是过高。退役军人也不例外,常年在军队生活训练,与社会接触较少,难免出现与社会脱节的情况,对于社会中各种职业要求缺乏全面认识,很容易高估自己的职业基础。

实际上,虽然大多退役军人在社会生存技能、社会心理以及职业知识储备等方面不具备强大的竞争力,但相对于社会中的同龄人,他们具有艰苦奋斗、踏实肯干、重情重义等职业素质方面的明显优势,也是很多用人单位非常看重和稀缺的。所以,退役军人完全没有必要自我怀疑,反而要以更大的自信踏上求职之路。

本书第二章提供的各种职业测评方法,可以帮助退役军人客观系统地认识自我,此处不再赘述。

2. 认识职业

对西湖区755名退役军人的调查显示,在对从事新职业的了解程度上,只有约25%的人非常了解,约22%的人在工作之前都不曾有了解新职业的准备,具体数据如表4-3所示。

表4-3 退役军人对新职业认知情况

选 项	人 数	比 例
A 非常了解,知道大部分情况	198	26.23%
B 比较了解,知道部分情况	392	51.92%
C 一般,真正工作之前再说	105	13.91%
D 没考虑或听说过	60	7.95%

客观认识职业,而不是主观想象,是进行正确合理的职业选择的基础。这和攻克敌军堡垒一个道理,只有摸透堡垒的距离和艰险程度,才能知道应该投入多少兵力。对职业有了全面认识,才能更加明确自己是否适合,并有针对性地提升自己。

从历史数据和多年经验来看,退役军人的总体能力中,实操能力大于获取资料能力。这可能和他们在部队时更注重身体力行,以及没有提高专项职业信息的搜索能力有关。此外,他们对于做好职业总结归纳整理等必要工作的认识也不够,需要进一步改善。

3. 职业胜任度分析

对西湖区 755 名退役军人的调查显示,有超过 70% 的人对自己相对于新职业的优劣势有清楚的认识,剩下的约 30% 的人对此不甚清晰,具体数据如表 4-4 所示。

表 4-4 退役军人职业发展优势和劣势认知情况

选 项	人 数	比 例
A 非常清楚	192	25.43%
B 清楚	365	48.34%
C 不清楚	73	9.67%
D 非常不清楚	74	9.80%
E 没考虑过	51	6.75%

完成了自我认知和职业认知后,自己就会发现二者之间很难 100% 的契合。比如,职业要求具有几年的专业经验,而自己尚未达到。这种差距是正常而普遍的现象,不仅是退役军人,任何人与工作要求之间也都需要磨合,区别在于,必要性和可行性到底有多大?包括需要磨合的重点是什么,时间要多久,自己是否有意愿和能力达到,等等。

对上述的必要性和可行性,需要及时做出分析。这就需要进行职业胜任度分析。具体做法是五步:

第一步,按照本书第二章霍兰德人职匹配度分析,找到与自己职业兴趣等契合度高的多个职业;

第二步,记录目标单位发布的招聘信息中的详细要求;

第三步,逐条对照上述要求,看看自己基本知识储备、经验积累、专业技能、等级证书等方面的现状,将那些已经达到了招聘要求的列在左侧,涂上绿色,而尚未达到要求的列在右侧;

第四步,分析右侧那些尚未达到要求的,将认为自己通过努力可以在半年内达到要求的涂上黄色,达不到的涂上红色;

第五步,对所有备选职业进行以上交通信号灯式的分析,最终圈定三到五个没有红色而且黄色较少的,成为职业决策的备选项。

如果觉得上述方法难以理解,仍然以找对象为例说明——假如某帅哥遇到了女神,但女神明确提出自己找对象的几个硬性条件,而且是绝对不打折的那种。那么帅哥就要评估一下自己到底已经具备哪些条件,那些暂时不具备的条件,有多大可能在一年之内达到,如果确实无法达到,会不会注定孤独一生?如果给这几个问题的答案分别标上红黄绿,分析结果也就一目了然——绝对不要在"红彤彤"的人身上浪费青春了。

4. 职业决策

经过自我认知、职业认知和职业胜任度分析三个阶段之后,退役军人应该对将要从事的职业有了大致的方向,也会有三到五个选项。这时会出现几种普遍情况——适合自己的不喜欢,自己喜欢的又怕能力不足,热门的肯定竞争激烈,又怕自己不是最有实力的……这和找对象异曲同工,向往的工作就是女神男神,如果不能及时找准重点、集中火力,很可能竹篮打水一场空,自己也被折磨成"女神经病"或"男神经病"。

职业决策方法,能够很好地解决这个难题,帮助退役军人在几个选项中选取相对平衡和满意的方案,避免对职业不切实际的幻想,以及过多纠结。如果能熟练运用职业决策方法,在找对象的过程中,同样可以发挥巨大作用。

第二节 认识职业

职业是社会化大分工的结果,社会分工是职业形成的基础和依据,也是职业划分的依据。社会分工和协作导致了生产活动逐步分化,产生了不同的职业。职业类型众多,新型职业又层出不穷,如何选择最适合自己的职业呢?这就是职业决策要解决的问题。

对西湖区755名退役军人的调查显示,只有21.46%的退役军人对自己喜爱的职业非常了解,有近三分之一的人对自己喜爱的工作不甚了解,如表4-5所示。

表4-5 职业了解情况

选 项	人 数	比 例
A 非常了解	162	21.46%
B 了解	410	54.30%
C 不是很了解	115	15.23%
D 一点也不了解	52	6.89%
E 没考虑过	16	2.12%

要想做好职业决策,不仅仅需要对宏观环境、自身能力和素质有所了解,也需要分析职业本身,以及二者之间的差距等因素。只有从认识职业开始,逐步深入,才能对职业情况做出合理的判断。

一、认识职业的内容及重点

很多人的职业之所以发展不理想,首先是因为他们在选择职业时雾里看花或者走马观花,没有真正认识职业内容就匆忙做出职业决定。

认识职业内容,就是在选择职业前,对该职业的相关信息进行收集和分析的活动,目的是为选择职业发展方向和目标职业提供依据。

想要全面认识职业的内容,要从以下16个方面入手。

1. 职业名称

想从事的职业的通用称谓是什么?

2. 职业定义

这份职业从事的范围、工作内容,以及企业对其设定的岗位要求是什么?

3. 职业职责

这份职业需要从业者完成的核心工作内容是什么?完成工作所需承担的相应责任是什么?

4. 职业素质要求

该职业要求从业者具备的基本人才素质,以及根据职业性质侧重于哪些人才素质因素。

5. 职业能力特征

根据职业需求,从业者需要具备的知识储备、基本技能、操作技术等,相应地会体现在是否获得相关从业资格证书、技能证书及特长等。

6. 职业人格特征

了解从业者需要具备的人格要素,主要从效率、创造性、和谐性、人际关系、超脱这五个方面考察从业者的心理结构,能否在长期的工作中保持持久稳定一致的状态。

7. 受教育程度

考察从业者接受正规教育的程度,以及所学专业的技能是否和招聘岗位相匹配。

8. 工作时间、地点和环境

了解规定的工作时间,有无加班,白班还是晚班;工作的地点在室内还是室外,有无出差外勤;工作环境可以分为物理环境和人际环境两方面,物理环境即工作场所的配套设施、绿化等,人际环境即同事的年龄性别分布、工作的压力水平等有关工作氛围的条件。

9. 工作与思维方式

该职业的工作方式和思维要求对从业者有什么要求?长期从事该职业是否对塑造个人思维能力有所提高?

10. 职业报酬

职业的工资待遇水平，包括实习期和转正期的差异，以及五险一金、福利、绩效等相关信息。

11. 职业的发展前景及趋势

职业的技术、组织结构是否有上升空间，未来行业将着重从哪些方面发展，当下的政策、经济趋势对该职业的影响，以及个人未来的工作上升机会及发展前景。

12. 职业生涯路径

该职业从入门到最高级别的发展路线，最快、最慢以及平均水平是怎样发展起来的。

13. 职业标杆人物

该职业当下或曾经涌现出的知名成功人士，能从侧面反映该职业的发展潜力。

14. 雇用机构

有哪些企事业单位设立相关职位，从而方便对求职单位进行筛选。

15. 雇用过程

从事该职业的人士是通过什么途径和方法进入该行业领域的？身边是否有前辈可以咨询了解？从准备到入职需要哪些材料、证书，以及要花费多长时间？

16. 职业和自我生活的匹配

该职业对自己的社会形象、家庭角色以及往后的生活方式有什么样的影响？自己所喜爱的生活休闲方式和该职业能否匹配兼容？

能够做好以上16点的收集和分析自然是最理想的状态，但一般很难完全达到。在实践中，可以根据不同的职业性质、个人的实际情况与规划，选择最重要的一部分即可。

掌握充分的职业内容信息资料之后，应当对手头上的资料进行整合，形成该职业的职业描述，最好以文字、报告等形式记录，便于日后查看。如果积累多份职业报告，可以尝试建立个人的职业信息库，对不同职业进行横向和纵向比较，发现更多职业的异同和规律。

在对多种职业进行比较之后，可以筛选出合适自己的职业方向和职业目标，寻找其中在职业素质、知识技能等方面的共通之处，确定哪些可迁移能力和技能可作为自己的重点努力方向。这样的话，求职过程也能变成锻炼和提升综合素质能力的过程，可谓一举多得。

二、认识职业的渠道和方法

对于职业内容的探索方法有很多，比如查阅报纸杂志资料，整合招聘网站信息，把握实习机会，参观行业展览会，参加招聘模拟考试，向行业前辈多多学习了解，等等。结合当下退役军人的实际情况，推荐以下三种认识职业的渠道和方法。

1. 招聘网站信息收集

招聘网站上有海量招聘信息，全面详细、分类明确、搜索方便、更新快速，而且可以搜索到历年相关岗位的招聘信息。招聘网站主要分成三类：

（1）招聘平台

如智联招聘、前程无忧、中华英才网等，以及58同城和各地方政府人才网。

（2）企业官网

大中型企业，会在企业官网的招聘版块发布招聘信息，例如大家熟知的阿里巴巴、腾讯、百度、京东、苏宁等企业，官网都有专门为招聘开辟的版块，非常容易搜索。

（3）专业网站

如果想进入高校、事业单位等稳定、有编制的单位，可以关注全国事业单位招聘网、高校人才网等专门发布这类信息的平台；如果想参加公务员、教师编制等国家统一招考的单位，可以去各地方政府人才网，或是华图、中公等专为考公考编人员服务的机构网站搜索。在每个网站上都进行一番检索后，相信大家对理想职位的基本招聘条件要求会有大致的了解掌握。

2. 职业调研

招聘网站上发布的信息大多杂而宽泛，缺乏对职业真实状况的全面细致分析。而职业调研能够更加深入、科学地研究职业，为职业决策提供更加可靠的参考。职业调研主要分为两种：间接调研和直接调研。

（1）间接调研

间接调研，是指通过他人的调研成果，达到对职业的深度了解。比如，查阅与职业相关的书籍、论文，或观看媒体的新闻报道、纪录片、人物专访等。其中，职业相关书籍、论文会提供大量真实的调研数据，提供客观、有理论依据的分析，对职业内容也有更为清晰的叙述。新闻报道等视频更为形象地反映了职业的工作环境、发展前景和趋势，人物专访对职业从零到高阶的整个过程都有典型性的分析。特别是从业界标杆人物的访谈中，可以获得更多的启示，包括职业对人才的特殊要求、成长阶段等。

（2）直接调研

直接调研与间接调研最主要的不同，在于资料主要是由自己获取的第一手资料。这种方式，因为与人近距离地接触，比间接调研更能发现行业的真实状态和细节，对职业的了解更为全面客观和深入，从而启发自我塑造，综合效果更好。

3. 职业实践

"纸上得来终觉浅，绝知此事要躬行。"职业实践是最好的职业探索方式，主要有三种形式：

（1）进行模拟实验

各种培训机构及网络上都有大量的模拟训练，即模拟面试笔试场景，复刻面试环境，通过这种复刻，实际感受自己的职业素质能力。

（2）实习

实习是最有效的实践办法，直接、具体、感悟深刻。可以关注各大网站的实习生招聘信息，通过亲身体会岗位工作，认识职业内容，对自己是否适合岗位、岗位能否达到自己的预期要求能有直接的结论。企业也会对实习生进行选拔，实习是直接进入心仪岗位的一种捷径。

如果在实习中发现与自己预期差距较大，可以直接中止实习，节省时间，离职手续办理上也更为快捷方便。

（3）职业探索

据研究显示，有超过一半的人从事过不同的职业，但从事过五种及以上不同职业的人占比不到百分之十。由此可见，在职业决策过程中，大多数人都经历过迷茫，选择过不适合自己或自己不喜欢的职业，在对自己和社会的不断了解中，逐渐摸索到适合自己的方向。

第三节 职业胜任力提升办法

认识职业的真实面貌和要求之后，需要进行人职匹配分析。一般情况下，大多数人会发现目标职业的要求与自身现有水平之间存在一定的差距，需要进行有针对性的提升来减小差距，可以尝试以下三个办法：

1. 比较法

俗话说，有比较才有鉴别。可以将自己与从事目标职业的人进行比较，从职业能力、职业性格和发展潜力等方面进行全面分析。

比较的时候，首先要和从业三年以内的优秀人才比，这样能够基本看清自己在职业前期能够达到什么水准，提升自信；其次，要和从业十年以上的成功者比，这样能够看到自己的职业高峰是什么水准，保持上进心。

2. 指导法

"闻道有先后，术业有专攻。"职业道路迷茫时，不妨咨询一些人力资源管理专家、成功人士，让他们从专业的角度，帮助分析自身职业优缺点，量身定制一套提升方法。

3. 自省法

《论语》有云:"吾日三省吾身:为人谋而不忠乎？与朋友交而不信乎？传不习乎？"在自身发展过程中,要时刻自省,时刻保持对自己客观清醒的认知,防止因得意失意而骄傲懈怠,才能小步快跑,越跑越快。

毕俊营明白了,目前他之所以纠结,是因为对那几个向往的备选职业"想当然",而并未真正认识职业。他决定以寓教于乐的方式,先看看与备选职业相关的电影、电视剧和视频,理解从业者的酸甜苦辣;再发现目标职业要求与自身水平之间的差距,综合运用三种方法,争取尽快达到目标职业的要求,开启顺畅的职业道路。

第四节 职业决策方法及应用

对西湖区 755 名退役军人的调查显示,在面对新职业决策之前,有超过 1/2 的人了解相关方法,接近 26% 的人态度淡定,只有不足 15% 的人从未考虑或听说过。具体数据如表 4-6 所示。

表 4-6 职业决策方法了解情况

选项	人数	比例
A 非常了解,自己有管用的方法	146	19.34%
B 比较了解,自己知道一些方法	308	40.79%
C 一般,需要的时候再说	196	25.96%
D 没考虑或听说过	105	13.91%

虽然上表中的数据比较乐观,但正如表 4-4 所示,有超过 1/2 的人在职业决策时都采用过相关方法,都希望可以试试更好的决策办法,还有近 30% 的人使用过错误的方法或是从未听说过职业决策办法,估计采用的决策方法以经验为主,因此仍然有必要介绍更加全面而科学的方法,提高决策的指导价值。具体数据如表 4-7 所示。

表 4-7 职业决策方法应用情况

选项	人数	比例
A 用过,觉得很管用	128	16.95%

续表

选项	人数	比例
B 用过，觉得还行，可以试试更好的方法	403	53.38%
C 一般，后悔没用更好的方法	108	14.30%
D 没考虑或听说过	116	15.36%

本节将以毕俊营为例，理论结合实际，介绍职业决策方法并进行实际应用。

一、职业决策方法

职业决策是在职业定位的基础上，综合考虑各种因素后，对未来的职业倾向和资源投向做出的选择。职业决策没有绝对的对错之分，只有优次之分。

职业决策方法很多，包括决策平衡单法、卡茨模式、CHOICE系统模式等。结合退役军人的实际情况，下文重点推荐两种适合退役军人的方法。

1. 决策平衡单法

决策平衡单法是指通过对个人和他人的物质和精神方面的得失进行综合比较后做出选择的决策方法，是一种对价值进行量化的决策方法。例如，面对两个或三个不同的职业，我们该如何以打分的方式做出取舍？

（1）制作一份平衡方格单

这是一份对四个因素进行正面预期和负面预期分析量化的表格，四个因素分别为自我物质方面的得失、他人物质方面的得失、自我精神方面的得失和他人精神方面的得失。

（2）罗列细则

根据上述四个因素，将每个因素下需要考量的细则进行罗列，这就是第二个表格——职业生涯细目表。

在这个表格中，自我物质方面的得失考量的细则可以是收入、绩效、升迁概率、加班的频率、对生活的影响和工作环境等从自身经济出发的因素考量；他人物质方面的得失可以从对家庭经济的提升、陪伴家人的时间和对家庭生活的改变三个方面考量；自我精神方面的得失可以从对工作的喜爱程度、价值观是否一致、能不能带来成就感和自我价值的实现程度方面考量；他人精神方面的得失需要从父母、配偶、孩子和亲朋好友等其他人的感受和支持度方面进行考量。

（3）预期分类

在对职业生涯细目表进行罗列评价时，需要比对平衡方格单里的正面预期和负面预期两项,根据每个细目是属于正面预期还是负面预期进行分类。

(4)加权计分

根据以上数据,制作一份加权计分表。表格横行设置为"职业生涯细目""权重"及不同的职业名称的正面预期和负面预期,竖列则罗列四大因素中的细目条件。

接下来,根据细则进行打分,正面为+分,负面为-分,最高分为10分,最低分为0分;权重为每个细则占据因素的比重,最重要的设为5分,最不重要的设为1分,每项分数为评分*权重。

这样就能够得出不同职业下,综合考量的总分是多少,多的显然是更合适的职业。

通过决策平衡单的制作和数字的量化,能够对职业的决策一目了然。但是需要强调的是,每项工作的分数是会随着人能力变化、思想转变以及周围环境改变的,具有时效性。每过一段时间如果还需要进行职业比较决策时,建议从头开始,再操作一次。

2. 卡茨模式

相比于决策平衡法的操作复杂性,卡茨模式在形成结论数据时更为直观:

第一,选取2—3个职业;

第二,制作一个5×5的折线图,纵坐标为差、中、良、优,表示职业回报,横坐标数值不变,表示机会;

第三,根据每个职业的技能、兴趣、满意度、价值观等综合考量每个职业的回报和机会分别处于差、中、良、优哪个层面;

最后,根据每个职业的回报*机会,就可以看出职业的最大期望值处于表格中哪个位置,通过在表格中显示的位置高低,就可以进行职业决策了。具体如图4-2所示。

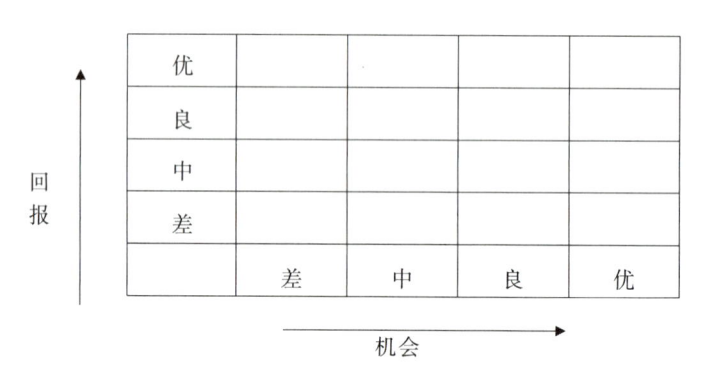

图4-2 卡茨模式折线图

所有的职业决策方法都是通过科学的方法帮助大家更好地筛选出最适合自己的职业,但我们也不能过于依赖数据,而放弃考虑数据基础——人。职业决策是建立在自我了解、自我认知的基础上的,只有认真剖析自己、了解自己,才能真正找出职业最优决策。

二、职业决策方法实例

1. 人职匹配

根据前面两章的分析,毕俊营的"人职匹配"结果是:

首先,他愿意从事实物性的工作,发挥自己的优势——动手能力强,体力好;

其次,他喜欢固定的、有秩序的工作,和在部队一样,按时吃饭、按时训练,根据上级的要求和标准完成任务;

最后,他喜欢与人合作,愿意帮助别人成长或解决困难,军人的天职就是帮助老百姓解决大事小事,保卫人民、保卫家园,和战友们深厚的兄弟情让他知道团结的力量。

由此看来,毕俊营是现实型—事务型—社会型(RCS)的职业兴趣组合,适合做管理者或技术人员,符合技术/职能/管理型的职业价值观。

上文中,我们对职业决策方法进行了介绍,现在我们就跟着毕俊营一起,用决策平衡单法测出最适合毕俊营的职业吧。

2. 决策平衡单法实操

毕俊营今年刚刚退役,想自己创业大干一番事业,又怕自己能力不足,达不到预期目标。爸妈也觉得他还不如稳定安逸地进个事业单位,干干自己老本行,可是老本行他干着又不得劲,也想试试做个管理者,提升提升自己。

根据他的想法,我们以合伙创业、事业单位保卫人员和交通运输企业中的客户管理三个职业作为毕俊营的职业比较对象,先制作第一个平衡方格单(表4-8)。

表4-8 平衡方格单

我的选择:合伙创业、事业单位保卫人员、交通运输企业中的客户管理	正面预期	负面预期
自我物质方面的得失		
他人物质方面的得失		
自我精神方面的得失		
他人精神方面的得失		

然后,制作第二张表格:职业生涯细目表(表4-9)。我们将从自我物质方面的得失、他人物质方面的得失、自我精神方面的得失和他人精神方面的得失四个方面来分析毕俊营的未来发展条件。

表 4-9　职业生涯细目表

自我物质方面的得失	1. 收入 2. 绩效 3. 升迁概率 4. 加班的频率 5. 对生活的影响 6. 工作的环境
他人物质方面的得失	1. 对家庭经济的提升 2. 陪伴家人的时间 3. 对家庭生活的改变
自我精神方面的得失	1. 对工作的喜爱程度 2. 价值观是否一致 3. 能不能带来成就感 4. 自我价值的实现
他人精神方面的得失	1. 父母 2. 配偶 3. 孩子 4. 亲朋好友

下一步，在罗列了四大因素中需要考量的细则后，我们可以先设计出四大因素的加权计分表（表4-10）。然后再将细则添加进加权计分表的纵向栏中。

表 4-10　加权计分表

考虑因素	权重 (0-5)	职业备选一		职业备选二		职业备选三	
^	^	正面预期 +(0-10)	负面预期 -(0-10)	正面预期 +(0-10)	负面预期 -(0-10)	正面预期 +(0-10)	负面预期 -(0-10)
自我物质方面的得失							
他人物质方面的得失							
自我精神方面的得失							
他人精神方面的得失							
总分							

根据毕俊营对三个职业的想法,以及细目表中罗列的考量细则,我们将这三张表综合一下,就可以得出毕俊营的职业决策平衡单(表4-11)。

表4-11 毕俊营的职业决策平衡单

考虑因素	权重(0-5)	交通运输企业中的客户管理 正面预期 +	交通运输企业中的客户管理 负面预期 −	事业单位保卫人员 正面预期 +	事业单位保卫人员 负面预期 −	合伙创业 正面预期 +	合伙创业 负面预期 −
自我物质方面的得失							
收入	4	8(32)			−5(20)	5(20)	
绩效	2	2(4)		2(4)			−1(4)
升迁概率	5	5(25)		10(50)		7(35)	
加班的频率	3		−4(12)	2(6)		3(18)	
对生活的影响	1	1(1)		5(5)		2(2)	
工作的环境	1	1(1)		10(10)		5(5)	
他人物质方面的得失							
对家庭经济的提升	6	5(30)			−6(36)		−5(30)
陪伴家人的时间	5		−5(25)	6(30)		4(20)	
对家庭生活的改变	5	8(40)		2(10)		4(20)	
自我精神方面的得失							
对工作的喜爱程度	7		−3(21)	5(35)		3(21)	
价值观是否一致	5	5(25)		4(20)			−4(20)
能不能带来成就感	6	7(42)			−5(30)	4(24)	
自我价值的实现	8	6(48)		3(24)		4(24)	
他人精神方面的得失							
父母	8		−5(40)	8(64)		5(40)	
配偶	8	5(40)		3(24)			−3(24)
孩子	8		−2(16)	3(24)		3(24)	
亲朋好友	5	7(35)			−6(30)	5(25)	
总分		209		190		200	

由此表格不难看出，相比于事业单位的保卫人员和自主创业，毕俊营更适合交通运输企业中的客户管理。通过科学的方法分析比较，在数据面前决策更具有说服力。

3. 卡茨模式实际操作

实操了职业决策平衡单后，我们不妨再用卡茨模式帮毕俊营分析一下三种职业的决策过程。同样，我们还是以合伙创业、事业单位保卫人员和交通运输企业中的客户管理三个职业作为毕俊营的选择比较对象。首先，我们先画出卡茨模式的图表，如图4-3所示。

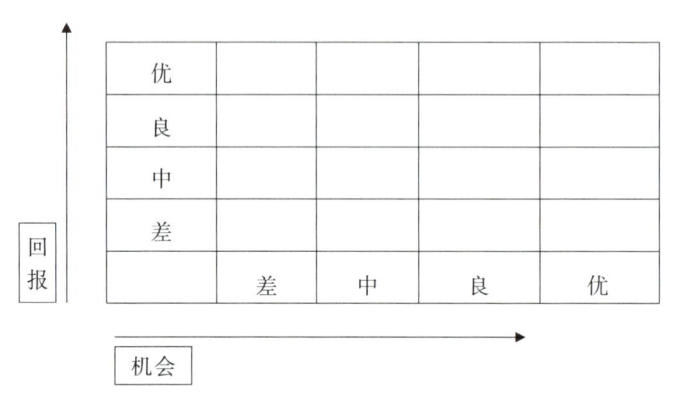

图4-3 卡茨模式图表

下面，我们根据毕俊营选择的合伙创业、事业单位保卫人员、交通运输企业中的客户管理这三个职业的技能、兴趣、满意度、价值观等综合考量每个职业的回报和机会分别处于差、中、良、优哪个层面，其中交通运输企业中的客户管理以圆圈表示，事业单位保卫人员以三角形表示，合伙创业以正方形表示，形成图4-4。

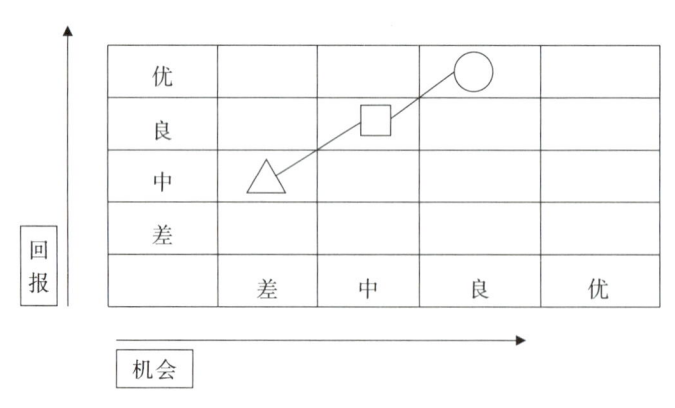

图4-4 毕俊营的卡茨模式图表

根据每个职业的回报*机会=职业决策结果，我们可以看出，毕俊营在卡茨模式的测试中，得出交通运输企业中的客户管理＞合伙创业＞事业单位的保卫人员的结论，和上文我们使用决策平衡单测出的结论一致。由此表格不难看出，相比于事业单位的保卫人员和合伙创业,毕俊营更适合交通运输企业中的客户管理。

这个方法虽然不如决策平衡单法那么详细全面,但也有效地进行了各个选项之间的科学比较,决策也有较大的参考价值。

第五节 职业决策误区

基于退役军人职业大数据的分析和群体特点,退役军人职业决策过程中有三个常见的误区,认识到这些误区,就可以在就业创业的路上少走弯路。

误区一:对自我和职业要求过高。

当今社会,大多数人对成功都有着热切的渴望,期望可以用最短的时间取得最大的成功,因此难免会对自我要求过高,或是对职业要求过高,造成不切实际的情况。

对自我要求过高,挑战性太强,常常会出现花费大量的精力仍没有达到预期的高要求的现象,从而导致失败,造成心理上的消极感,打消积极性的同时也会怀疑自己的真实水平。对职业要求过高,"眼高手低",看上的职业自己暂时不具备职业所需条件,屡次被拒,求职之路也因此变得坎坷。

误区二:过于依赖别人,冲动就业。

退役军人在退役后,由于和社会产生了一定的脱节,常常会感到迷茫,不知道应该做些什么,怎么去做。这时候就会产生依赖心理,依赖父母、亲朋好友,让他们帮助自己做决策,听从他们的安排就业。一来是你好我好大家好,父母开心;二来反正自己也不知道干什么,先干着再说。或者跟风时下热门职业,例如听说某行业最近很"火热","来钱快赚钱多",也不管合不合适就一股脑去干。

虽然这些做法可以改变一时"无业游民"的状态,但随后他们会慢慢发现自己不适合这个职业,干着不开心,每天浑浑噩噩过日子,还陷入了更大的纠结和两难之中——继续下去如同温水煮青蛙,辞职重新找工作又需要投入大量时间精力,这些年的人脉积累等可能也白费了……而且,越这么混下去拖下去,越没有转换工作的实力和可能。

就这样,他们既看不到未来,也不喜欢现在,一直没滋没味、郁郁寡欢,一年年迅速过去,只能在老掉牙的时候给孩子们吹嘘"我当兵的时候"……所以,从一开始就要树立正确的职业观和人生观,自己的人生自己做主,从职业决策开始,认真对待。

误区三:固执己见,遇到阻碍不思考。

面对职业之路的困难险阻,不轻言放弃是好事。但是如果遇到困难,不停下来思考,不寻找更好的解决办法,反而摸着石头过河,那就很容易在困难挫折中迷失自我。

职业之路不同于军人训练之路，持续输出就能取得进步，职业道路因为潜在变动因素多、时间长等特质，更具灵活性。这也提示大家，要动态地审视职业前景和自身变化，困难面前多思考，多问几个为什么，看问题不能仅仅局限于眼前，眼光放长远一些，不要只顾眼前利益，多考虑职业前景和发展。

该改变计划时，不要因为自己的固执和"一根筋"钻牛角尖，而要用积极灵活的态度面对职业转换。职业转换是一件很平常的事，不要因此对自己失去信心，也不要坚持死理，而要主动出击，掌握主动权。

参 考 文 献

[1]蒋承勇.大学生职业发展规划与就业创业指导[M].北京:高等教育出版社,2005.

[2]钟谷兰,杨开.大学生职业生涯发展与规划[M].上海:华东师范大学出版社,2008.

[3]谭佳.职业生涯干预对职业决策自我效能的影响研究[J].广西教育学院学报,2010(05):59-64.

[4]张燕花.浅析人才素质的含义与结构[J].企业改革与管理,2015(02):80-81.

[5]李晶,辛呈凤,俞国良.大学生职业决策自我效能的元分析[J].应用心理学,2016(22):48-57.

[6]王占军.大学生职业生涯规划咨询案例精编[M].上海:华东师范大学出版社,2017.

[7]于施佳.高职学生职业价值观与职业成熟度:职业决策自我效能的中介作用[J].职教论坛,2017(08):30-34.

[8]叶宝娟,蕾希,方小婷.心理资本对大学生职业决策困难的影响:有调节的中介模型[J].心理发展与教育,2018(01):58-64.

[9]苗晓雯.职业决策中认知风格对锚定效应的影响[D].天津:天津职业技术师范大学,2018.

推 荐 阅 读 书 目

1. 史蒂夫·麦克拉奇著,陈秋萍译,《日常决策(破解职场窘境的思考方法)》,电子工业出版社,2017年

2. 稻盛和夫著,曹岫云译,《活法》,东方出版社,2019年

思考与练习

1. 想一想,你想从事哪几个方面的职业?你对这几个职业有一定的了解吗?你有没有整理出详细的职业报告呢?如果你觉得这个练习独立完成有困难,你可以和同学、要好的朋友共同完成,或者请教你的父母、老师等。

2. 请采用决策平衡单法或是卡茨模式,对自己选择的几个职业类型进行一次模拟职业决策,看看最适合你自己的是哪种职业。你可以将结果和同学、要好的朋友分享,或者请教你的父母、老师等,听听他们的意见和建议。

第五章

退役军人职业准备

引 言

杭州市防疫级别下调到三级之后,加上天气转暖,毕俊营约丁新成出来打篮球。两个人一拍即合:"这几个月长了十几斤五花肉,今天至少要减掉八两!"

毕俊营摸摸肚子,发现肚子变大的速度比了解职业的快多了。不过他仍然自信爆棚:在学校、部队时自己都是主力大前锋,每次比赛都会引起热烈的掌声和欢呼,就差粉丝献花、打赏。今天不能光自己多得分,可以多喂丁新成几个,让他也舒舒服服享受一下……

穿上科比球衣,毕俊营来到约好的户外球场,丁新成正在热身。他们和另外一个人火线组队,很快就打起三人制半场赛。

毕俊营一开始带球跑动,就明显感觉自己全身零件锈住,没几步就气喘吁吁,和百年老爷车一般。负责盯防他的对手,虽然比他高一个头,但肚皮上那个纯天然的大气球,让他暗自好笑:看我两个假动作,晃你个四脚朝天、口吐白沫!

毕俊营打算突破上篮时,才发现这家伙居然滑步轻盈,俨然"大白"再生,妥妥的克星——任凭他怎么左冲右突,大白始终像一座山拦在面前,还利用"Q弹"的身体挤压他。

丁新成赶忙过来挡拆,毕俊营总算有了投篮机会,可惜那球在篮圈上转悠了两圈掉了下来,还被大白抢到篮板,让他一拨反攻得分。

不到十分钟,毕俊营他们就以1:5败下阵来。一球未进的毕俊营,气得踢了场边的椅子几脚。丁新成递给他一瓶水:"没受过这种刺激吧,大球星?! 是不是超级郁闷、超级想不通?"

毕俊营瞪了一眼还在场上欢腾的大白,咬牙切齿:"几个月没活动,手感冰凉。等我找回感觉了,杀你个落花流水!"

丁新成等他平静一些了,又问:"你从前一直很顺吧? 尤其是当兵这几年?"

毕俊营点点头,却发现丁新成的表情开始飘过乌云:"不管就业创业,你要遇到的事情,和今天的比赛相比,就是五个字——那都不算事!"

毕俊营仍然不在意,还哼起来:"咱当兵的人,有啥不一样? 只因为我们,身心都强壮……"

看见毕俊营眼睛还不时瞟向场上的比赛,丁新成用手指点了一下他的肩膀继续说:"你下一步遇到的事情,比刚才的比赛还刺激呢! 比如,竞争对手比那个大白还强悍;或者努力了很久,筋疲力尽,离成功只差那么一点点,但结果一样等于零。你能一直乐观吗? 毕竟你现在的职业水平,不比你的篮球底子啊!"

退役军人职业起步

毕俊营"哦"了一声,这才回头正视丁新成:"不会吧?说得好像我的职业生涯多灾多难一样。"

丁新成叹了口气:"一般人我都不告诉他,找工作那半年,我经常满怀希望地碰一鼻子灰,都快成灰太狼了!"

毕俊营紧张起来:"我还是当喜羊羊吧,老兄有什么高招?"

正好轮到他们上场了,丁新成一边把球传给他,一边说:"先变成'装甲车',再拿出在部队时大比武的劲头,全面做好准备吧!"

第一节 职业心理准备

重返社会之初,大多数退役军人志存高远,意气风发,准备大显身手,却尴尬地发现,自己的职业基础与社会需求之间存在结构性矛盾和差距,从而产生"英雄无用武之地""虎落平川"的烦恼。如果不能及时调整心态并做好相应知识、能力等方面的准备,他们很可能怨天尤人,甚至一蹶不振。

对西湖区755名退役军人的调查显示,约40%的退役军人在面对求职时并没有完全做好心理准备,只有20%多的退役军人完全做好了心理准备,具体数据如表5-1所示:

表5-1 退役军人职业心理准备状况

选项	人数	比例
A 非常充分,预计到困难并相应调整	163	21.59%
B 比较充分,遇到困难可以调整	283	37.48%
C 一般,遇到困难再说	170	22.52%
D 没有,担心遇到困难	49	6.49%
E 没考虑过	90	11.92%

"不打无准备之仗",这是退役军人职业起步路上最好的指南。虽然政府、社会、用人单位都在努力关心和帮助退役军人,但退役军人也要坚持"天助自助者"的原则,主动做好准备,以更快地适应社会环境。在各种准备中,首要的是心理准备。

一、常见的心理问题

退役军人的职业起步过程,是一个选择和被选择的过程,也是一个复杂的心理过程,难免会有各种各样的心理问题。退役军人因就业创业压力而产生的心理问题,主要有以下七种,如图5-1所示：

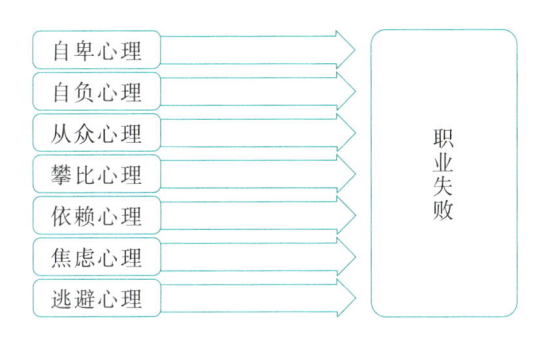

```
自卑心理 ┐
自负心理 │
从众心理 │     职
攀比心理 ├──→  业
依赖心理 │     失
焦虑心理 │     败
逃避心理 ┘
```

图5-1　退役军人常见心理问题

1. 自卑心理

自卑是一种不能自助和软弱的复杂情感,是一种由于过多的自我否定而导致的自惭形秽的主观体现,是一种认知上的偏差。自卑的人,总认为自己的能力不行,总认为自己什么事情都干不好,通俗点说,自卑的人就是自己看不起自己。

总有一些退役军人严重低估自身,对自己的知识、能力和技能缺乏信心,反而擅长"全面""精准"地找到一大堆自卑的理由。比如有本科及以上的学历,在退役军人中有天然优势的人,却"挖掘"出很多匪夷所思的理由来贬低自己——学校不是985、211(现在叫"双一流"),专业又不热门,所学专业知识不够精,特长又没有,关系不如人……于是悲观情绪严重,不敢参与竞争,更不会主动自我营销,导致择业时处处消极、时时被动。即使天上掉个馅饼砸到他们头上,他们也会认为"我不配吃这么好的东西,肯定是有人逗我玩儿呢"。

除了天性自卑,还有一种常见现象是:退役军人在职业起步过程中遇到多次挫折之后,开始怀疑自己是不是真的"out"了,说出"我在山沟里这些年待傻了""我这辈子只会站岗放哨"之类泄气的话;甚至当别人给他们加油打气,他们也会说什么"你们就是在安慰我,我知道自己这两把刷子""我已经完全听天由命了"。

总而言之,在职业起步过程中,退役军人的自卑心理或多或少、或轻或重、或前或后都会存在和出现,且比例和频率不可低估。

2. 自负心理

与自卑心理恰好相反,自负心理就是个体盲目自大,高估个人的能力,缺乏自知之明。

退役军人职业起步

在杭州的某次退役军人专场招聘会,有位士官在每轮面试中都奋勇争先地回答问题,而且说得头头是道、滔滔不绝,他感觉自己顺利拿下这个岗位肯定是"秃头上的虱子——明摆着"。面试结果出来,竟然连最后一轮的大名单都没他的"大名"。他愤愤不平地找招聘单位的人力资源经理质问,对方非常委婉地告知:"你太优秀,超过我们公司目前招聘岗位的要求,实在不敢屈才。"其实就是他的自负,导致招聘单位对他印象不佳。

职业起步过程中,退役军人的自负,主要表现为对自己的评价高出实际水平,从而产生不切实际的期望。比如,有些退役军人不能客观地评价自己,自认综合素质和专业水平高人一等,内心深处有很强的优越感,气场强大到让用人单位汗如雨下的地步,只好敬而远之;或者职业定位不准,择业期望值过高,对用人单位要求苛刻,横挑鼻子竖挑眼,对认为不够"高大上"的岗位嗤之以鼻;或者缺乏对自身社会阅历尚浅、职业经验不足等短板的认识,高不成、低不就,与本来适合的职位失之交臂,本来可以实现的"胜利"最后变成了"剩蛎"。

3. 从众心理

从众心理是指个体受到外界人群行为的影响,而在自己的知觉、判断、认识上表现出符合于公众舆论或多数人的行为方式,或者在社会群体的无形压力下,不知不觉或不由自主地与多数人保持一致的社会心理现象,俗称"随大流"。

退役军人在职业起步时,由于对社会现状认识不清晰,对职业状况不了解,或者没有明确的职业目标,很容易陷入"羊群效应"的大坑。比如别人要去一线城市,他也要去一线城市;别人说哪个岗位热门、有前途,他也跟风报名,生怕错过了热度被时代甩开……结果根本逃不掉当"分母"的命运。

退役军人出现从众心理,是由多方面造成的,其中包括在部队时习惯了集体生活和坚决执行上级命令,回归社会初期对很多现象感到无所适从,对未来发展方向"找不着北",以及在职业自我评估、职业定位等方面缺少认识和训练等。

4. 攀比心理

攀比心理是指个体发现自己与参照个体发生偏差时产生的负面情绪。喜欢在朋友圈较劲炫富,就是攀比心理的典型表现。

有位自主择业军官,回到杭州后,本来自我感觉良好,参加过一次高中同学聚会后,心理完全失衡。原来,他在高中时是个学霸,非常享受同学们对他"众星捧月"的感觉。聚会后才发现,原来自己看不上的那些学渣,有的生意做得很大,身家过亿,开上宾利;有的在市中心黄金地段房子好几套,资产几千万元起步;有的已经是处级干部,聚会时成了大家眼里的香饽饽。就他学历最高,却房子最小、资产最少,因此他感到非常失落。

在职业起步过程中,某些退役军人不是根据自身潜能、志趣、专业、特长、职业发展等因素选择真正适合自己的职业、职位,而是一味地跟自己的朋友、亲戚甚至是邻居进行比较,一定要选择比别人更光鲜的职业、职位。

常见的现象是,他们一口咬定,凭什么这些表面上条件与自己差不多的同龄人,都能做着让人眼红的工作,自己却要在不起眼的地方默默付出？于是为了心理平衡,他们想尽一切办法压倒对方,为了面子好看而里子受苦,这很可能害得家里也付出巨大代价,最后还是面子里子两头落空。

5. 依赖心理

依赖心理是指个体处于自己无法选择的关系中,被迫做违心的事,虽然自己也讨厌这种被迫行为的方式。其一般表现为依赖父母、师长、朋友等人,把别人的作用看得比自己重要,期待别人帮自己做决策,丧失自我,置自身于依附地位。客气点说,这种类型的人是永远长不大的"老小孩";严重点说,就是"巨婴",甚至是思想上的寄生虫。

退役军人大多都在家庭的呵护下生活,在老师关怀下成长,在部队中也是令行禁止,独立思考的意识不强、能力偏低。因此,很多退役军人一遇到自己感觉要紧的事情,基本都是在家找父母、在外靠领导,不喜欢自己分析问题、做出决定、承担风险并解决问题。

在这种思维定式和生活习惯中,他们把职业起步中的很多大事,更是理所当然地丢给父母,自己当上了"甩手掌柜",尽情挥霍青春。少数人简历由模板稍微修改而成,面试要父母陪同,创业更是只管向父母要钱。如果父母不能及时帮忙找到合乎心意的工作,或者"服务"不到位,没准儿还要大发雷霆……

6. 焦虑心理

焦虑心理是由紧张、焦急、忧虑、担心和恐惧等感受交织而成的一种复杂的情绪反应。轻微焦虑人人都有,也是正常的心理反应,运用得当还能激发心理内动力,有利于目标的实现。但是,如果焦虑超过正常限度,就会形成心理障碍,干扰正常活动。

有位退役大学生士兵,独生子女,父母都是浙江县城公务员,家庭条件较好。他在部队表现出众,多次荣获团以上奖励,退役后报考了杭州的公务员考试,笔试成绩第一名,进入"三选一"的最终面试。但他非常渴望这个工作,看到自己仅比第二名高一分,开始担心对手现场发挥更好,在面试中反超。由于他缺乏应对这种巨大心理压力的经验,临考前一周,焦虑到每天早上起床都能看到枕头上的大把头发,自黑为"小白秃"。后来母亲为他找到一位专门做面试心理疏导的心理咨询师,一个疗程后他才放下包袱轻装前进。后来他在面试环节发挥正常,从而顺利入职。

缺乏社会实战考验的退役军人,面对非常激烈的市场竞争和未来发展的不确定性,很容易产生焦虑心理。在职业中比较典型的表现是：从面试前的几天开始,部分退役军人寝食难安,严重者甚至还可能出现头痛、失眠、拉肚子等现象。经历了几次面试之后,大部分人会逐渐适应,明白"原来就那么回事儿",焦虑现象会逐渐减轻。但也有少数人在几次失利后,焦虑心理反而会加强,变得烦躁、恐惧、易怒。在创业中这种现象则更加明显：担心货款不能及时回收、竞争对手降价、客户流失、销售额达不到预期……种种烦恼"争先恐后"地出现，焦虑更是反复交织，把人折磨得痛苦不堪。如果不能及时调节和有效控制，会严重降低工作和生活质量，引发个人和家庭的多种问题。

7. 逃避心理

逃避心理就是回避心理，即在现实生活中，自己与社会及他人发生矛盾、冲突时，不能自觉解决矛盾、冲突，而是躲避矛盾、冲突的心理现象。

有位退役士官，来自浙江某地级市。自身综合条件和在部队表现都比较好，加上有熟人关照，顺利进入本地一知名企业集团，到党群部门工作。按照集团规定，新进人员必须先到下属偏远的子公司工作三年，赵某被分到离家最远的子公司。到岗后，他嫌弃这工作"钱少事多离家远"，伙食和住宿条件又差，情绪很大。部门领导批评了他几句，他和领导当众大吵一架，一怒之下说要辞职。回家后父母说他这工作来之不易，应该心满意足，好好工作才是。关照他的熟人也劝他，和那个领导赔个不是，小事一桩很快就过去了。但他不想这么丢面子，扬言"要道歉你们去，我是打死也不要见那张老脸了"。拖了一个月，集团只能按照规定和他解约。他在本地已经无法再找类似的工作，只能在家炒股，实际上是赚少亏多。

现在的退役军人，大部分都是独生子女，许多家庭是两代人共养一代人。虽然受过军营的磨炼，但有些家长始终把他们当孩子看，仍然大事小事一律包办，结果造成了他们的抗挫折能力较弱，遇到困难绕着走，缺乏面对和解决困难的勇气，幻想"天塌下来有家长顶着，家长顶不住还有领导"。特别是遇上几次职业上的挫折，他们会立即产生逃避情绪，缩回自己的小窝里，不愿也不敢去竞争，甚至一蹶不振，变成了"宅男宅女""啃老族"。

二、心理准备的重点

退役军人的职业起步过程，实质就是认识自我、了解社会、适应社会的过程，是在实践中与社会磨合的过程。在这个过程中，有认识上的误区，有心理上的不适，有偏见、有冲突、有困惑、有矛盾、有挫折都十分正常。关键是能够正视和认识问题，然后有针对性地去调节和适应。

1. 认识自我，准确定位

退役军人应当做到"知己知彼，百战不殆"，这是有效择业的前提，也是成功的基础。首先，要做到认识自我，建立明确的职业定位和职业目标。按照本书第二章的方法，可以较好地完成这一步。

其次，还要对外部环境进行分析，了解大环境和目标单位的小环境。按照本书第三章的方法，在进行职业生涯规划的过程中，也能养成一双慧眼。

2. 正视现实，积极对待

虽然近年来"就业难"一直是网络热点，但如果分析劳动力市场和人才市场的供需情况，则会发现：一方面是用人单位渴求的人才非常稀缺，也愿意提供很好的待遇，而另一方面是很多人找不到合适的工作。

这一矛盾说明，凡是符合社会需求的人才，机会不是太少而是太多，面临的主要是"选择恐惧症"。尤其是经过军营磨炼的退役军人，基本素质一向是被社会普遍认可的。退役军人应当清醒地看到这种现实，坚信"不是猛龙不过江"，着重从提高自身综合素质、改善自身职业能力等方面入手，努力把自己打造成社会需要的人才。只要能树立正确的职业理念，端正职业心理，在自身现有基础上，不断提升社会需要的素质和能力，参与竞争时就能掌握主动权，风采依旧。

3. 做好准备，从容应对

"机会都是留给有准备的人"，这句名言对退役军人的职业道路更是贴切。除了本节的心理准备要充分，职业礼仪、专业知识、一般常识、企业信息、职业技巧等与职业相关的一系列内容都需要认真准备。正如在引言中丁新成所言"拿出在部队时大比武的劲头，全面做好准备"，而不要抱着侥幸心理，或者临时抱佛脚。可以说，准备得越全面、越有针对性，心理就会越踏实从容，表现就会越突出，大好机会就会越多，形成良性循环；反之，就会陷入越来越差劲的怪圈，难以自拔。

三、做好心理准备的方法及建议

针对在职业过程中出现的各类心理问题，退役军人必须采取行之有效的心理调适方法，处理好相应的心理问题，实现顺利发展和成长。

1. 坚定信心，壮大自我

成功学创始人拿破仑·希尔说过，自信是人类运用和驾驭宇宙无穷大智的唯一管道，是所有奇迹的根基，是所有科学法则无法分析的玄妙神迹的发源地。如果自己不相信自己，别人凭什么相信自己？

退役军人可以运用心理学中四项通用的心理定律，帮助坚定自信，壮大自我。

第一，坚信定律。当人对某件事情抱着百分之百的相信，并为此投入激情和努力，最后就很可能会取得成功。

第二，吸引定律。当人的思想专注在某一领域的时候，跟这个领域相关的人、事、物就会被吸引而来。

第三，专精定律。只有专精一个领域，在所做的领域中才会以更快的速度出类拔萃地成长。

第四,惯性定律。任何事情只要能够持续不断加强,它终究会变成一种习惯。加速奔向成功,"根本停不下来"。

2. 掌握方法,调适情绪

大量案例说明,职业成败与否,不取决于竞争对手多么强大,而取决于是自己打败自己,还是成了自身不良情绪的手下败将。很多人喜欢调侃"贫穷限制了我的想象力",其实消极情绪引发的不良心理,才是想象力和变得强大的最大限制和杀手。因为它使人失去正确的分辨和判断能力,扼制人的创造性思维,从而导致思维迟钝,判断力缺乏,理解力下降。

解决这个问题,主要有以下六种调适方法:

(1)暗示调节法

暗示调节法的基本做法就是自己给自己输送积极信号,以此调整自己的心态,即使是强迫式的、无中生有的,也能改善自己的情绪。

比如"今儿个我是真呀真高兴""我已经准备得很充分了,今天一定能发挥好"等。有些公司之所以每天早上要呼喊激励自己的口号,也是在应用这一原理。或者自己对着镜子挤出笑容,哪怕一开始比哭还别扭难看,但笑容很快会固定在脸上,最后真的高兴起来,甚至觉得悲伤的自己真可笑。

(2)运动放松法

心理学专家温斯拉夫研究发现,最好的情绪舒解方法之一是运动。因为当人在沮丧或愤怒时,血液中会产生很多有害物质。而一旦运动起来,血液循环加快,那些有害垃圾会迅速排出体外,人的心情也变得愉快。

很多退役军人一不开心就健身"撸铁",确实一举多得——他们看着身上的肌肉发达起来,感觉自己也快发达了,再在朋友圈秀一下收获32个赞,消极情绪早就抛到九霄云外了。如果做点有氧运动,运动之后再洗个热水澡,效果更佳。

(3)音乐舒缓法

大多数退役军人都是音乐爱好者,知道音乐具有显著的调节情绪功能。节奏明快、铿锵有力的音乐能振奋人的情绪,部队的进行曲就是典型;而旋律优美、悠扬婉转的乐曲能使人心情轻松愉快。

(4)宣泄法

宣泄法也叫倾诉法,碰到挫折或困难时,将自己内心的痛苦倾诉出来,以达到缓解心理压力的目的。职业起步过程中,遇到碰壁等困难引起的恶劣情绪时,过分地压抑消极情感反而更容易引起"洪水泛滥",不妨找个出口,把心中的委屈和不平倾诉出来。

具体方式包括:找到信得过的家人或朋友,及时说出心中的感受;给电台打匿名电话,听听主持人或专家的看法,他们会帮助开导;采取记日记的方式,把积压在心头的苦恼写出来;找一个僻静的场所,以自言自语的方式说出心中一直压抑的想法;到心理APP、公众号、微博上留言,很多网络媒体还有"树洞"功能,可以方便地把烦恼倾倒到虚拟空间,恢复现实中一个阳光积极的自我。

(5)呼吸调节法

呼吸调节法又叫调息放松法,简单易学,也非常有效。在瑜伽等健身方式中,呼吸调节法也经常被采用。

方法基本原理,是将平常的胸呼吸变成腹式慢呼吸。具体做法是:在座位上舒服地坐好,身体后靠并伸直。将右掌轻轻置于肚上,掌心向下,五指并拢。然后开始长长地、慢慢地吸气。吸气时要胀腹,气沉丹田时,保持两秒钟,再轻轻地、慢慢地将气呼出。这个方法可以每天练习2次,每次4—10分钟。

(6)想象放松法

想象放松法是通过对一些安宁、舒缓、愉悦的情景的想象,以达到身心放松的目的。尽量运用各种感官,想象自己沉浸在某个安静美好的环境中,比如可以想象自己独自在森林中漫步,踩在柔软的草地上,阵阵花香扑面而来,舒展全身,慢慢地做深呼吸,感到无比的轻松舒坦。对于这个方法,每天可用5—10分钟进行练习。

3. 正确对待,平衡心态

即使是世界上最成功的人,职业生涯也不会是一帆风顺的,退役军人自然也不例外。

退役军人对于职业奋斗的结果,需要一分为二地看待。能够如愿以偿当然是好事,但只要自己尽力了,即使没实现结果也绝对不是前途暗无天日,因为自己得到了提高,更好的结果、更大的成功就在前方不远处。此时哪怕多念叨几句鸡汤,比如"一切都是最好的安排""塞翁失马,焉知非福""上天关上了一扇窗,肯定会另外打开一扇门",也会产生很大的心理抚慰,可以整装再出发。

更何况,无论是求职中被目标单位拒绝,还是创业中被客户无视,并不一定意味着是退役军人自身的原因,也可能是由于与单位或客户的某些不匹配,或者机缘没成熟,完全不必沮丧。这和相亲一个道理,两人看不对眼,并不等于其中任何一个人不够优秀。

因此,遇到挫折或者一时职业愿望无法如意,一定要保持平和乐观的心态,相信"下一个更适合我",这对职业发展十分重要。

4. 分析原因,总结提高

退役军人在职业起步过程中,大多都会遇到大大小小的挫折。有的越挫越勇,百折不挠;有的一蹶不振,放弃追求。而成功显然只能属于前者。

要想达到前者的状态,光有勇气是不够的,还要学会认真分析存在的问题,及时拿出合理的解决方案。可以参考本书第三章中职业生涯规划部分的"评估与调整",如果发现再努力也无法克服某些困难,就要学会及时止损,转换到更能发挥自己优势的赛道,而不是一条道走到黑。

比如,投出简历后,如果几个月都没得到面试机会,就要反思:择业目标设定是否正确?或价值观上有偏差?是否对招聘单位的情况了解不充分?创业时如果业务长期亏损,就要反思:是项目不受市场欢迎,还是自身的综合素质和专业知识有欠缺,还是客户沟通的技巧没有掌握和运用好?

5. 主动求助,化解危机

退役军人在职业起步过程中遇到一些困难,通过自我的心理调适还不能解决的,应该主动向职业经验丰富的长者寻求帮助,或者向专业的心理咨询机构咨询,请他们从旁观者和专业人士的角度,帮助分析原因,消除不良情绪,解决心理问题。

首先,可以向亲戚朋友中有丰富职业经验的长者寻求帮助。他们不一定有多少心理学的专业知识,但丰富的人生阅历、社会经验和职业经历,让他们能看得更加透彻;而且双方更加了解和信任,给出的建议也会更加实际、有效。

其次,如果在校学习,可以寻找学校的心理咨询机构或就业指导中心寻求咨询。现在每个大学都设立了专门的机构,配备了很多专门或兼职的指导老师,免费提供心理咨询服务。

再次,可以与身边一些职业心态积极的同学交流,或请教已经在职业路上摸爬滚打过的学长。他们更能感同身受,给出的建议也会更接地气。

最后,可以到上述宣泄法中提及的网络媒体上寻求帮助。网友来自五湖四海,可能会提供很多脑洞大开的建议。但是要注意,这样也可能会收到很多不负责任的建议,不要被这些错误见解带偏了。

第二节 职业信息准备

职业信息是指通过各种媒介传递的与就业有关的消息和情况,从宏观到微观,包括就业创业政策信息、宏观经济信息、国家产业发展规划、行业技术进展、工作岗位招聘信息等。

一、信息准备的原则

1. 真实性

不要被一些非正式的中介机构、臭名昭著的搜索引擎或网站上面虚假或过时的用人信息所蒙蔽,以致既浪费了金钱,又耗费了时间。

2. 针对性

参考本书第二章的测评和第三章的职业生涯规划结论,根据自己的专业、特长、能力、性格、气质等方面的因素,有的放矢,圈定自己所需的职业信息的范围,重点搜集自己真正需要的职业信息,避免到处撒网却颗粒无收。

3. 系统性

将各种相关的、零碎的信息积累起来,然后按照自己的目标和需求加工、筛选,形成能够比较完整、客观地反映当前动向的职业信息,为自己提供更可靠的依据。

二、信息准备的途径

信息的来源和渠道很多,为退役军人了解信息提供了非常方便的工具和渠道。获取这些信息的途径,主要来自以下七种:

1. 退役军人事务管理部门

各级退役军人事务管理部门(简称退管部门)的一项重要工作职责,就是对退役军人进行就业政策咨询与就业指导;收集、整理、发布用人单位的职业信息;收集、整理、发布退役军人基本情况;向用人单位推荐退役军人;整理和发布职业信息。

退管部门与相关部门建立起了良好而稳定的关系,因此退管部门发布和获得的信息有两个重要特点:

一是针对性强。退管部门和相关部门或用人单位充分沟通和确认后,才发布信息,而且许多信息是针对本年度本地区退役军人的。这为退役军人节省了大量时间精力,不必因信息涉及面太广,还要再过滤。

二是可靠性高。为了对广大退役军人负责,退管部门要先对职业信息进行审核,从而保证了职业信息的可靠性。一般情况下,退役军人只要符合条件并善于把握的话,利用这种量身定制的信息,都可以很快签下协议书。

2. 退管部门合作院校的指导教师或导师

当前,各地退管部门大多采取和属地大专院校合作的模式,对退役军人进行就业创业的培训指导。因此,合作高校中有很多的教师和导师积累了丰富经验,更加了解退役军人的特点、适合方向和范围。加上在当地有广泛的人脉,他们提供的信息时效性和针对性强,更能满足退役军人职业发展的要求。

因此,退役军人可以通过自己所在学校的老师,获得更多及时可靠的信息,从而不断充实自己的信息库。而且可以直接拜托老师作为推荐人或引荐人,以此增加用人单位或客户的信任度和成功率。用人单位或客户也乐得接受这种推荐,因为这些老师帮他们节约了很大的精力和成本,是典型的多赢局面。

另外一个启发是,退役军人在校学习过程中,可以通过课堂表现、社团活动、参与老师项目以及社会实践等多种方式,以自己的优秀表现获得老师的信赖和推荐。将在校学习变成职业发展的阶梯,无疑是一举两得的妙招。

3. 网络媒体

通过网络搜寻职业信息,已成为如今退役军人最常用的求职手段之一。其优缺点已经无须赘述,只强调注意事项:

(1)必须进入正规、权威的网站。目前,职业类专业网站不下数百个,鱼龙混杂,其中相当一部分是滥竽充数,充斥着大量虚假和过期信息。更可恨的是,有些网站设置了木马病毒,一旦点击就会中毒,恶意窃取退役军人的重要隐私信息,造成不必要的损失。

(2)及时下载和整理重要信息。职业类网站上的内容多、更新快,为防止遗漏和节省时间,最好自己建立专用文件夹、做好目录分类,或者在收藏时加上细致的标签,方便自己快速查找。

4. 人才招聘会

人才招聘会可以分为两种,分别是大型的人才招聘会和中小型的专场招聘会。退役军人可以选择参加适合自己的招聘会,迅速获取一手就业信息。创业退役军人也可通过这些招聘会,发现社会需求的重点,挖掘新的商机。

大型的人才招聘会是指当地人才市场或退管部门单独或联合举办的退役军人供需见面洽谈会。优点是能在较短的时间内汇集众多用人单位和大量的需求信息,缺点是受空间和时间的限制,现场交流的时间较为仓促。

专场招聘会是指一家或几家招聘单位专门针对本地区退役军人开展有目的性的招聘,因而时效性和针对性较强。

5. 社会关系网

退役军人个人或家庭都会有一定的社会关系,这也是职业信息的重要来源之一。退役军人可以发挥侦察兵的强项,排查是否有亲朋好友在目标单位工作,通过他们可以更好地了解其中的重要信息。这种信息是典型的"只有内部人有发言权",含金量最高,而且不掺假。

另外,战友资源也是职业关系中的重要一环,毕竟"一起扛过枪"名列四大铁杆关系之首。尤其是在行业内已经具有一定社会积累和社会威望的老战友,往往对退役军人有特殊的感情和信任,愿意推荐、招聘退役军人,或者与退役军人合作。

6. 各类就业服务机构

这些机构,包括各级退管部门的专门机构,也包括合作的人才服务机构。退役军人可通过他们组织的人才交流洽谈会、供需见面会,或者发布的需求信息,做好相应的信息准备。

7. 报刊、广播、电视等官方新闻媒体

每年在退役军人择业之际，报纸、杂志、广播、电视等官方新闻媒体，都会积极履行社会责任，发布大量有益退役军人的信息，包括就业政策、行业现状、职业前景、人才需求等方面的报道和分析。

近年来，随着国家和社会对退役军人就业工作的重视，有关退役军人就业的专业媒体不断增加，电台、电视台也都辟有专门的栏目，成为退役军人搜集职业信息的一种可靠途径。

三、职业信息的加工处理

面对搜集来的大量职业信息，要善于对其进行加工处理，使之形成有参考价值的信息。一般而言，职业信息的加工处理过程有如下三个步骤。

1. 筛选

要从大量的职业信息中筛选出对自己真正有用的信息，必须做到以下几点：

（1）牢记目标

要始终以职业目标为标尺，衡量信息是否有用。如果对职业目标无益，无论看上去多么诱人的信息，一律不予考虑。形象点说，要让职业目标像磁铁一样，只吸引有用的信息，其他信息即使是黄金钻石，也统统直接淘汰。

（2）鉴别清洗

对价值小的职业信息，最好不要浪费一秒钟，像清洗蔬菜一样把这种泥沙直接清洗干净。

一般来说，一则价值大的职业信息应当全面、详细，至少包含以下要素：对从业者政治思想、道德品质、工作态度、学历及学业成绩的要求，对职业兴趣、职业能力等职业心理方面的要求，对职业技能和其他方面才能的特殊要求，对工作地点、工作环境、工作时间及对个人收入、福利待遇等做出的明确规定。

值得警惕的是，有些单位往往只宣传自己的优势，少讲或不提劣势，这就需要退役军人事先对它们的情况进行充分的调查和了解，包括单位性质、上级主管部门、行业和单位的发展趋势，做到心中有数。

2. 分类

将具体信息根据行业、要素的不同进行分类，将重要信息做成 Excel 表格，并及时整理、处理信息。比如，用不同的颜色标记进展状态。

如果时间允许，可以在日记里简要地记录每天做了哪些事情、进展、经验教训等。起初比较麻烦，但是只要坚持一个月以上，就会清楚地感受到自己的努力和进步，从而有更

大的信心继续前进。

3. 提炼

将分类后的求职信息,结合自己的实际情况,加以排序、过滤,保证信息能够按照重要顺序排列。坚持"二八原则",把时间精力主要放在重要的前20%上。只有这样,才能使自己成为信息的主人,让信息真正为自己服务,而不是刚好相反,在垃圾信息上忙忙碌碌,时间被垃圾信息所吞噬。

四、职业信息准备的关键

说一千,道一万,按照上述方法进行职业信息准备时,如果缺少关键一条,再多再好的信息也可能只是摆设,甚至是"捧着金碗讨饭"。这关键的一条,就是发挥做到极致的匠人精神,像侦察兵一样全心投入、精心整理。通俗点说,就是不能只求过得去、必须过得硬,要比做到位再进一步——做到最好。

以参加招聘会为例,有匠人精神的退役军人会怎样准备呢?

(1)事先准备。事先应准备好个人简历等有关应聘材料,把基本情况、军旅经历及求职意向表达清楚,醒目注明自己的联系方式。除了书面材料的准备,特别要注意自己的精神和精力准备,在与用人单位洽谈时要表现良好的精神面貌,充满自信、精力充沛、志在必得。

(2)整体把握。要及早进入招聘会现场,有充分的时间搜集信息,了解行情,整体掌握到会单位的情况。注意不必太早与招聘者交谈,先浏览一遍整个会场,对到场单位情况做初步的了解以后,再根据自己的求职意向,确定重点应聘单位,按顺序进入交谈。

(3)详细询问。在与用人单位面谈时要仔细地询问招聘单位的详细情况,包括单位的上级主管部门、所有制的形式、招聘的岗位和工作的内容、用工形式、工作的时间、薪金待遇等,同时注意听一下招聘者向其他求职者介绍的情况是否与自己了解的情况一致,倾听其他求职者的议论,或征求别人的意见,待确认用人单位的情况比较适合后,再报名参加面试。

(4)及时联络。离开后要及时整理搜集来的求职信息,并将其中重要的加以标记和摘录,对约定的会见要准时赴约。在招聘会结束后不能被动等待。因为用人单位会收到很多简历,可能有所遗漏,及时采用电话联系的方式,一方面表示自己对用人单位的尊重,另一方面传递出自己的诚意,给用人单位以深刻印象。

第三节 职业竞争准备

职业心理和职业信息的准备,是为退役军人职业参与职业竞争奠定的基础,真正决定退役军人职业市场上的竞争力的,是职业知识、能力和技能等方面的准备。

一、职业竞争力的内容

职业竞争力,是职业知识、能力和技能等因素构成的系统。它们相互作用、相互促进,形成一个密不可分的整体。职业知识、能力和技能,又可以统一细分为通用部分和专业部分。

对西湖区755名退役军人的调查显示,有约61.50%的退役军人对职业知识的掌握比较充分,有近19%的退役军人对职业知识的掌握情况一般,还有近13%的退役军人从未考虑过这个问题,具体数据如表5-2所示。

表5-2 退役军人职业知识准备情况

选 项	人 数	比 例
A 非常充分,已经开始学习相关知识	247	32.72%
B 比较充分,已经了解相关知识	217	28.74%
C 一般,找工作时再说	143	18.94%
D 没有,觉得知识够用了	53	7.02%
E 没考虑过	95	12.58%

同时,有超过70%的退役军人对职业能力有一定程度的准备,也仍有超过10%的退役军人没有做过任何准备,具体数据如表5-3所示。

表5-3 退役军人知识准备情况

选 项	人 数	比 例
A 非常充分,已经开始提高相关能力	205	27.15%
B 比较充分,已经了解相关能力	334	44.24%

退役军人职业起步

续 表

选 项	人 数	比 例
C 一般,找工作时再说	135	17.88%
D 没有,觉得能力足够了	41	5.43%
E 没考虑过	40	5.30%

此外,有超过60%的退役军人对职业技能有较为充分的准备,有超过10%的退役军人尚未做任何准备。具体数据如表5-4所示。

表5-4 退役军人职业技能准备情况

选 项	人 数	比 例
A 非常充分,已经开始学习相关技能	159	21.06%
B 比较充分,已经了解相关技能	340	45.03%
C 一般,找工作时再说	161	21.32%
D 没有,觉得技能够用了	52	6.89%
E 没考虑过	43	5.70%

从以上调查数据中可以发现,大约60%的退役军人职业竞争准备情况较好,但另外约40%仍然处于不够充分的状态。

1. 通用部分

(1)通用知识

通用知识是指为适应社会生活和大多数职业而应该具有的知识。虽然关于通用知识范围的说法很多,但按照公务员及企事业单位考试的范围,大致可以确定通用知识的主要内容应该包括六个部分:

一是政治理论知识,包括马克思列宁主义哲学、毛泽东思想、邓小平理论、"三个代表"重要思想、科学发展观等;

二是经济知识,包括马克思主义政治经济学、社会主义市场经济体制、经济全球化与国际经济关系等;

三是法律知识,包括法理学、宪法、行政法、刑法、民法、经济法等;

四是时事政治知识,包括近一年来的国际、国内重大时事、重大会议及政治事件的主要内容和相关文件等;

五是职业道德建设知识,包括公民道德建设、社会主义荣辱观、职业道德等;

六是公文写作与处理知识,包括公文写作基础知识等。

政治理论知识和时事政治知识是退役军人比较擅长的部分,毕竟在部队政治学习的基础扎实;对于其他四个方面的知识的掌握而言,其中基本常识应该也都具备,需要强化的部分可通过学校学习和专题培训补充。

(2)通用能力

根据对用人单位和大量退役军人的调查,对于退役军人职业竞争力而言,以下四种能力特别重要:

一是人际沟通与协作的能力。退役军人要获得和胜任任何职业,人际沟通和协作能力都是必不可少的。而提高人际沟通和协作的能力没有任何诀窍,就是主动地沟通与协作,不能自我封闭;对待分歧,要学会求同存异,和而不同;对正式的协作关系(比如工作关系、职位关系等),应当尽可能避免掺入非正式关系(比如朋友、老乡等)的成分。

二是文字和口头表达能力。文字和口头表达能力就是我们通常所说的"坐下来能写、站起来能说"。实际上,文字和口头表达能力既是就业中用人单位衡量退役军人水平的一个重要标准,也是创业中决定事业成败的关键。因此,退役军人平时就要有意识地多训练、多积累,学习时不能仅仅满足于"抄笔记、背答案、考高分",必要时应当通过专门的培训来锻炼和提高。

三是正确的认知和判断能力。如果没有对外部世界的正确认知和判断,其他能力再出众,也会陷入"盲人骑瞎马,夜半临深池"的危险境地,甚至能力越强,对自己和社会的危害越大。而大多退役军人在部队时就习惯于坚决执行上级命令,重返社会后容易受"权威"的结论影响。因此,退役军人要在日常学习和生活中,注意多观察、多思考,尤其是不要轻易盲从那些看似理所当然的说法,必要时可与信任的师友多交流、多讨论,以获得更全面、更准确的认知和判断。

四是掌握新知识和新技术的能力。现代社会是一个终身学习型社会,正如管理学大师彼得·圣吉在其《第五项修炼》中指出,未来唯一持久的优势是有能力比你的竞争对手学习得更快。因此,学习和掌握新知识和新技术的能力,成为现代退役军人适应竞争的一项基本能力。为此,退役军人不仅要掌握学习的内容,还要掌握学习的方法,只有这样才能始终立于不败之地。

(3)通用技能

根据对用人单位和大量退役军人的调查,对于退役军人职业竞争力而言,以下四种技能特别重要:

一是阅读技能,能够较好理解和诠释信息、符号、标记、文档、指令、政策和图表。

二是数学(运算)技能:能够制作和理解与数据有关的文档、预算、表格、曲线图等。

三是时间管理技能:能够合理分配时间,高效执行任务。

四是电脑技能,能够应用Word、Excel办公软件,完成基本的文档写作、排版等。

2. 专业部分

退役军人要增加职业的竞争力,还应该具有良好的专业竞争力,包括专业知识、能力和技能等,这是社会劳动分工对职业者产生的特殊要求。不同行业、不同性质的职业、不同等级、不同类型的用人单位及其不同部门和职位,由于其工作目标、工作任务、工作对象和工作环境不同,对职业者的要求也是不一样的,退役军人适应这种不同要求的"资本"就是专业知识、能力和技能。

在所有的职业准备中,专业知识、能力和技能的准备需要付出的时间、精力是最多的。它们不仅是赢得职位的前提,而且是胜任职位的保障。否则,退役军人在专业领域,最终可能发展后劲不足,甚至成为"扶不起的阿斗"。因此,专业部分的准备是提高退役军人职业竞争力的核心内容。

军营的专业知识、能力和技能在社会实践中的应用率,经常是"一桶水变一杯水"的关系。要准备充足的专业知识、能力和技能,要求退役军人对那些看似比较枯燥的概念、原理和方法给予特别的关注和深入思考,尽可能深入思考,并积极地理论联系实际。这就相当于掌握了以不变应万变的"道",新知识、新技术也是"道"在不同具体领域和情境的延伸和应用。

二、退役军人特殊素质优势与能力短板

退役军人经过军营这一革命大熔炉多年的千锤百炼和悉心培养,在职业竞争中具备了特殊的优势,也存在一定的短板。充分了解自身的这些优势与短板,有利于退役军人更加客观地看待自己,树立职业信心,在职业发展道路上更加顺利。

1. 退役军人的竞争优势

(1)信念坚定,具有较高的政治觉悟。

过硬的政治素质,是退役军人首要的优势。这一优势在市场经济大潮中,仍然大有用武之地。退役军人具有强烈的社会使命感和责任感,在实践中会发挥出巨大的潜力,有助于克服前进道路上的各种困难。

(2)遵纪守法,具有自觉的服从意识。

遵纪守法是军人过硬素质的表现之一。管理专家通过对众多退役军人成长轨迹的跟踪调查得出结论:遵章守纪,严于律己,是退役军人施展才华、获得成功的重要保证。

(3)善于管理,具有较强的组织能力。

军队是一个严密组织、严格管理的"钢铁集体"。长期的军旅生涯,使退役军人具有良好的管理水平和实践经验。一些退役军人把部队的经验运用到企业管理之中,获得了巨

大成功。

2. 退役军人的竞争短板

（1）等级观念牢固，不善主动沟通

在部队里，很多退役军人是命令驱动的，和同事反复沟通的意识不强。这样的工作、生活习惯如果带进新的社会单位，可能会引起周围同事的不满。有些退役军人说话做事还沿用在军队的风格，难免会令周围的人不愉快。

（2）对新信息不敏感，观念滞后

部队长期相对封闭的军营生活，使得退役军人在对变化、潮流的敏感度方面较差。尤其是新的科技和管理手段不断涌现，让很多退役军人感叹"这世界变化快，我越来越无奈"。

三、强化职业竞争力的方法

既然职业竞争力是一个系统，退役军人既要单点突破，更要以点带面，全面提高。

1. 积累知识

退役军人积累知识，是一个长期的过程，要以"水滴石穿"的精神，不求速成，不舍昼夜，"衣带渐宽终不悔，为伊消得人憔悴"之后，才能最终体会到突破后"一览众山小"的酣畅淋漓。

第一，广泛阅读各类书籍。通过书籍开阔眼界，陶冶情操，愉悦心情，本身就是一种幸福。退役军人习惯了金戈铁马，更要让爱读书、会读书成为日常习惯和爱好。

第二，多参加教育类、培训类的讲座。此类讲座的演讲人一般都是与退役军人事务管理部门长期合作的专家学者，他们的演讲能让退役军人对当前的经济形势、职业环境、人才需求等有更深刻的认识，便于少走职业弯路。

第三，多观看知识类视频。现在网络上有海量的知识类视频，而且讲得非常生动，最典型的是B站。退役军人可以利用坐车、排队等碎片化时间，观看这些视频，而不是浪费了时间后哀叹"时间去哪儿了"。

2. 强化能力和技能

退役军人能力和技能的培养，需要善于利用高等院校的资源，更需要个人主动学习和提升。

第一，在日常的学习中强调"问题导向"。积极参加实践，学会观察和寻找实践中存在的问题，在分析问题和解决问题中研究如何运用知识，进而提高综合能力和技能。

第二，不断尝试新的方法。当前职业教育中引进了大量新的方法，如项目式学习、探索式学习等，鼓励学习者以团队合作的方式深入学习。这些方法为擅长实战的退役军人提供了更好的舞台,应当充分利用这些机会,展现和提升领导能力、沟通技能等各方面能力和技能。

参考文献

[1] 张大均.大学生心理健康教育[M].北京:科学出版社,2017.

[2] 张武超,李俊琦.职业准备与就业指导[M].北京:清华大学出版社,2013.

[3] 秦琼.大学生社会技能、职业决策自我效能感与职业决策困难的关系研究[D].重庆:西南大学,2015.

[4] 周爱保,马小凤.大学生职业决策中的妥协策略[J].心理科学,2007(30):1247-1249.

[5] 周慧,崔祥民.环境价值观契合、组织声誉与人才吸引力关系研究[J].改革与战略,2015(32):156-160.

[6] 于施佳.高职学生职业价值观与职业成熟度:职业决策自我效能的中介作用[J].职教论坛,2017(08):30-34.

[7] 方小婷,叶宝娟,杨强.主动性人格对大学生职业决策困难的影响:职业生涯探索与职业成熟度的中介作用[J].心理发展与教育,2017(05):561-568.

[8] 詹启生,李秒.家庭亲密度对大学生职业决策自我效能感的影响:心理资本的中介作用[J].中国健康心理学杂志,2019(10):1585-1589.

推荐阅读书目

1. 蔡康永,《蔡康永的情商课》(全2册),湖南文艺出版社,2019年
2. 李可,《杜拉拉升职记》,陕西师范大学出版社,2015年

思考与练习

1. 和家中长辈交流一下,听听他们人生中遇到哪些重大挫折,以及他们是如何克服的。

2. 观看一部励志电影,例如《肖申克的救赎》,与同学或好友交流一下观后感。

3. 寻找身边一个看起来很少有烦恼的人,与对方聊天,看看有什么好的心理调适方法。

第六章

退役军人就业

引 言

因为和丁新成经常碰面,毕俊营本来有点担忧的心情平缓下来,也有了足够的耐心,按照职业选择的每一个步骤,重新认识自己。当认识到自己在心理、知识、能力、技能方面的优势和不足时,他甚至对自己有了"最熟悉的陌生人"之感。

4月之后,疫情全面向好、社会运转恢复正常。毕俊营听说不少战友已经开始投出简历了,就恨不得马上结束漫长的"假期"。虽然丁新成还是劝他"磨刀不误砍柴工",但他已经比光头强还要迫不及待地要上山砍树了。他在朋友圈发了一张《熊出没》的海报,暗自祈祷丁新成千万不要像熊大熊二那样拦着自己。

可能是光头强的发型太闪亮,丁新成当天晚上就发来了一张李云龙的照片,还发来一句:"这么快就要亮剑啦?"

毕俊营暗想:这老兄比熊大熊二还厉害呀!赶快回复:老兄啊,什么时候方便,咱们见面聊吧!

第二天傍晚在公园里一见面,毕俊营就急不可耐地对丁新成说:"心动不如行动!我简历已经准备好啦……"

丁新成嘿嘿一笑,晃了一下超市买来的啤酒和零食:"以你的实力,好工作还不是超市里面的啤酒,排着队任你挑任你拣的?不过,简历就是上周发给我的那份?"

毕俊营一边点头,一边美滋滋地恭维丁新成:"老兄你推荐给我的那些方法真是管用,我发现了自己很多优点,简历里面都快放不下了……"

丁新成瞄了他一眼,又望向远方,以掩饰微微皱起的眉头,"老弟呀,你这个简历貌似有点太平淡了,虽然内容很多,但缺少亮点,不大看得到你的优势。这种简历,我们HR每天收到一大堆,都会直接忽略的……"他费了好大力气,才把已经冲到嘴边的"直接丢进废纸篓"咽了下去。

"哦,那个简历,就是按照网上的模板写了一份,看来不行啊……"毕俊营有点心虚起来。

"假设你简历搞定了,又准备怎么让公司发现你这宝贵人才呢?"丁新成看他难受,转移了话题。

"现在上的学校,还有退役军人事务局,都会组织招聘会呀!招聘的APP我也下了好几个!"毕俊营又兴奋起来。

丁新成不置可否,接着问:"咱们再假设你过了前两关,得到了面试机会。如果招聘单

退役军人职业起步

位问起'你的年龄比刚毕业的大学生还要大,你有什么优势'之类的问题,你怎么回答呢?除了穿戴整齐以外,需要注意求职的哪些礼仪呢?签订劳动合同的时候你知道应该注意什么问题吗?"

一连串的问题,让毕俊营傻了眼,额头开始冒汗,原来连续踢两个小时正步也不累的双腿好像也发软了。正好旁边有把长椅,就一屁股坐了上去。

丁新成觉得火候已到,于是坐在他身边,拍拍他的肩膀:"倒也不用担心,只要认真准备,你也可以秒杀全场'杠杠滴',哈哈!"

第一节 应聘程序

大多数单位的招聘程序规范也类似,因而应聘程序也万变不离其宗,主要可以分为五个步骤:一、获取招聘信息;二、投出简历;三、准备面试;四、参加面试;五、签订合同。这五个步骤的难度和成功喜悦程度都是逐步提高的,流程如图6-1所示。

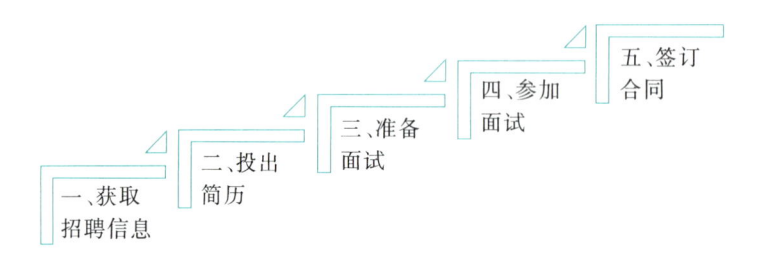

图6-1 退役军人应聘程序

一、获取招聘信息

对西湖区755名退役军人的调查显示,获得招聘信息的主要渠道是:选择招聘网站的比例为62.12%,招聘会为51.92%,报纸期刊为46.62%,中介机构为43.71%。这说明退役军人能够及时地准确获得招聘信息,懂得选择多渠道的重要性。具体数据如表6-1所示。

表6-1 退役军人获取招聘信息的途径

选 项	人 数	比 例
A 招聘网站	469	62.12%
B 报纸期刊	352	46.62%

续　表

选　项	人　数	比　例
C 招聘会	392	51.92%
D 中介机构	330	43.71%

1. 报纸期刊

报纸期刊是获得招聘信息的传统途径,但并没有"out",因为有其独特的价值。最大价值在于,报纸期刊上的招聘信息来源比网站等渠道更可靠。因为登广告需要费用,报纸期刊的审核也更加严格,而且广告版面的大小也能反映出招聘单位的实力,以及对人才的需求程度。

在报纸期刊上面寻找招聘信息时,可以优先选择专业的人才类、招聘类报纸期刊,或者一些报纸期刊的人才或者招聘专版;也可浏览报纸期刊的电子版,搜索职位更加便捷。

2. 招聘会

招聘会最大的优点在于,能与招聘单位的人员面对面交流,能更快更全面地了解招聘单位和招聘职位的信息,以及相关职场信息。在招聘会上,招聘单位和退役军人直接面谈,形成初步印象,这样相互之间既有了理性认识,也有了感性认识。尤其是退役军人,可以从招聘者的素质、态度,来初步判断招聘单位的水平。另外,即使是政府组织的公益招聘会,用人单位也会考虑投入的装饰和时间成本,因此到招聘会上的单位也更有招聘诚意。

招聘会的形式有很多种,比如专场招聘会、行业招聘会和综合招聘会等。退役军人可以根据自己的情况,选择合适的招聘会重点准备和参加,不要病急乱投医。退役军人要特别重视退役军人事务局组织的招聘会,因为会上来的单位都是优选过的。

3. 招聘网站

网上招聘和求职,因为经济、方便、快速、突破时空局限等优点,加上信息量巨大,是现场招聘会无法比拟的,已经成为广大退役军人首选。

很多招聘单位都会把单位简介、招聘职位的情况在招聘网站一一罗列出来,退役军人可以通过 E-mail 或者网站投递简历。除了专门面向退役军人的网站,比较著名的招聘网站有:智联招聘网、前程无忧、中国招聘热线、中国人才热线,以及门户网站的求职或就业频道等。在这些网站上,退役军人只需进行关键词搜索,就可以查询到成百上千条招聘信息。退役军人还可以订阅电子杂志,网站会把最新的招聘信息发到退役军人的电子邮箱。

4. 中介机构

中介机构大多相对聚焦于自己擅长的领域,也能提供部分其他渠道未必能提供的职位和就业机会。特别是猎头公司,依靠对行业的深耕和广泛的人脉,能够给有良好背景和丰富经验的人提供更高层次的机会。很多有实力的大公司,也喜欢通过猎头公司寻找人才。如果在某方面有特长或者是市场"紧俏"人才,去猎头公司或者中介机构,可能就会有更大的惊喜。

5. 行业或内部渠道

很多行业或单位也有内部推荐的机会,甚至有的企业鼓励员工推荐人才。原因在于,这样既可节省招聘成本,也能提高招聘的匹配度。另外,有的单位会给实习期间表现突出的人才转正的机会,这也是内部渠道的一种。

对于毕俊营而言,暂时还没到能够"惊动"中介的地步,因此要以网站和招聘会为主要渠道获取招聘信息。如果有实习的机会,或业内人士提供的信息,尤其要珍惜,因为这很可能是最好的机会。

二、投出简历

简历可以通过本人直接送达、现场投递、快递或者 E-mail 投递。

在招聘单位指定的时间将简历直接送达,类似于"商店零售",现在已较少采用这种方式。或者要求求职者用快递将简历邮寄给招聘单位,大多适用于涉及某些保密信息、不希望公开的场合。如果遇到这种情况,需要注意要在快递信封上,用醒目的文字注明"简历"或"应聘"等字样,以便对方查收和避免遗漏。

招聘会现场投递简历,类似于"设点批发"。这种方式,虽然需要双方都花费一定的成本到达现场,但可以方便地进行第一轮面试和筛选,因此仍然有许多单位采用。

现在最常见的方式,无疑是退役军人将简历发送到招聘单位指定的 E-mail,或者通过网站递交电子版简历。这种方式省时省力,大大提高了工作效率,降低了成本。但要注意三点:

(1)必须按照招聘单位要求设置邮件名称,以免被当作垃圾文件而删除,或者被 HR 忽略。

(2)使用 PDF 格式,避免可能因为使用的软件不同或版本不同而造成的格式混乱。比如,退役军人以 Word 制作的简历,可能在 HR 使用的 WPS 办公软件中出现变形或乱码,显示不了关键信息,甚至将原本美丽的照片扭曲得"不忍直视"。

(3)如果招聘单位明确要求要以附件形式发送简历,千万不要自作主张将简历粘贴在邮件正文中进行发送。如果招聘单位指定了发送文件名和邮件名命名规则,必须严格遵守;如果没有指定,简历的文件名和邮件名最好出现"姓名+应聘职位"的字样,方便 HR 阅读和归档。

据很多资深 HR 吐槽,他们非常看重应聘者对上述规定的遵守情况。原因在于,一是应聘的 E-mail 太多,遵守规定的应聘邮件能极大节省他们的时间;二是认为不遵守规定的人就是不尊重他们,而且很可能是未来单位秩序的破坏者,直接拒绝最好。

三、准备面试

准备面试,要和准备相亲一样高度重视和做足功课。其实面试和相亲本质上也非常类似,都是本来不熟悉的人互相增进了解,如果觉得可以深度发展就继续下去。所以要在战略上藐视"敌人",在战术上重视"敌人"。而且,大量过来人的经历证明:准备得越是认真细致,面试的时候就会越从容淡定,也越容易取得成功。

1. 了解招聘单位和招聘职位

在面试前应尽可能多了解一些招聘单位的情况,比如招聘单位的业务范围、规模、经营现状、企业文化、发展前景、用人要求等。这和相亲之前要多了解对方的基本情况类似,不合适的直接否掉,对双方都有利。

掌握了这些情况,就能有针对性地准备面试策略,也能更好地回答面试官提出的问题。

2. 了解面试形式

传统面试主要是一对一的面试,但是现在也有很多招聘单位会将多位应聘者聚集在一起进行有框架的小组讨论,或更加自由发挥的无领导小组讨论,要求他们共同商讨解决某个问题。要求解决的问题来源于日常工作,具有较强实践性。也可能就某个主题或案例进行分析,或者采用团队游戏,或者辩论。

在此过程中,面试官会认真观察每个应聘者解决问题的过程和一举一动,据此判断应聘者是否具有领导能力、逻辑推理能力、创新能力、协调能力、处事能力、合作精神、团队精神等。

越来越多的公司采用这样的面试形式,可以快速从多个人中选出少数合适的人才,从而提高面试的效率。

了解了面试形式之后,比如无领导小组讨论,就要准备相应的策略,比如首先发言还是中间发言,是否争取最终的总结发言机会,以及记录,等等。

3. 模拟面试场景

面试技巧可以通过练习不断提高。从前最基本的练习方法就是自己对着镜子说,遇到卡壳等情况时立即纠正。现在可以采取更方便的方法,自己录视频,既能反复观看和改进,也能分享给有经验的亲友,让他们提出改进建议。熟能生巧,反复练习就会更加真切地体会这句话的份量,面试时也会更加出彩。

条件允许的话,可以找朋友、家人帮忙模拟面试,这比自己练习更有现场感和真实感,提高更快。

开始阶段,不要放弃每一次面试机会,每一次面试都是积累实战经验的好机会,俗称"攒面经"。参加过几次面试后,退役军人就会发现话题大同小异,要及时总结经验教训。每次面试之后立即做好复盘,前面的面试就变成最好的实战模拟。

4. 保持良好心态

和参加射击比赛类似,心态对面试来说非常重要,甚至起到决定性作用。因为平和的心态能让自己正常发挥甚至超水平发挥,而紧张的心态会影响发挥水平。

因此,要以一种"尽力就好"的轻松心态去面试,不必过于在意成败。思想上,要充分认识到竞争的激烈和残酷,要知道"真爱有一个就足够""这次应聘不成功是因为真正的机会在后面";要敢于面对失败,理性地分析自己的特长和表现突出之处,以及不足和表现不佳之处。

另外,虽然面试是和其他应聘者的竞争,但也要树立"超越自我比战胜他人更加重要"的心态。只要自己每次都有进步,就值得为自己点赞,并且坚信:只要这样持续不断地进步,慧眼识才的伯乐和属于自己的好工作就在不远的前方。

5. 适当形象设计

当应聘者走入面试室时,仪表是给人留下的第一印象,其重要性不言而喻。很多面试官甚至私下分享:从他们看到应聘者的第一眼,就基本决定了是否要录取,后面的提问不过是来验证自己的决定。因此,退役军人在外在形象上要精心准备,不要自诩"我的颜值这么高,仪表差点也会招"。

一般来说,穿着要正式、清爽、整洁、得体,不要过于随便,否则会给人窝窝囊囊或者不重视面试,甚至鄙视面试官的感觉。

发型整齐、干净,不宜太奇特;即使染发,也不要面积太大,或者颜色太扎眼。

配饰不要太多,或者太突兀。除了大金链子之类,尤其是女士的耳环、项链也不要太新奇晃眼。这方面保持和应征时相同的标准,以朴素大方为要,肯定更加安全稳妥。

言谈举止要做到亲切自然、不卑不亢、有礼有节;走动就座、拿衣取物等行为动作,要展现自己从军经历造就的"坐如钟、站如松、行如风",从而给面试官留下身手矫健、雷厉风行的好印象。

6. 其他准备

面试前要确认清楚招聘单位的具体地址,记录面试单位电话、地址、搭乘车辆线路等信息。尤其是那种位于很多楼群之中的单位,一不小心就会把A座当成B座,电梯一个来回就浪费十几分钟,还会气喘吁吁、破坏面试心情。

严格按照要求,携带自己的相关证件和文档,包括原件和复印件。最好将重要证件和文档提前拍照,保存在手机中,需要时可以立即打印出来。如果担心不够清晰,可以提前扫描成PDF文档。如果有其他能证明自己优秀的自荐材料,也可带上,关键时刻很可能发挥意想不到的妙用。

虽然手机的拍照、录像和录音功能十分强大，携带记录本和笔仍然非常重要。这不仅会显得退役军人非常重视面试，而且在无领导小组讨论等环节可以有如神助——比如，更加及时清楚地记录竞争对手的观点，提高自己发言的条理性，因此更容易得到面试官的青睐。

面试前要注意休息和睡眠，最好面试前夜看看放松心情的喜剧节目，远离手机游戏等让人亢奋的事情，以便保持充沛的精力和清醒的头脑。

饮食方面，最好面试前一天不吃海鲜等可能引起腹泻的食物，面试当天以容易消化吸收，又能提供足够热量的食物为主，避免因消化不良在面试期间犯困或频繁出入卫生间。

看到要做这么多方面的准备，毕俊营更加深刻地体会到，怪不得在部队时领导要把"不打无准备之仗"挂在嘴边。对待面试，要像对待升学考试和军事演习一样的重视，积极的准备才是成功的最大保障。

四、参加面试

充分做好面试的准备，是良好的开端，也是成功的一半。应聘者在面试过程中恰当地展现自己，打动面试官，就是面试成功的另一半。

1. 掌握交谈技巧

交谈时要注意语气、语调、语速和音量的正确运用。

尽量做到语气和缓，切忌急躁、质问的语气；语调最好能抑扬顿挫，不要太过平淡，否则容易让人产生困倦感，也不要太过夸张，让人感觉不够自然；语速快慢适中，不仅有利于更好地表达自己的思想，而且会让面试官感觉到舒适愉悦；音量大小合适，声音过大令人厌烦，声音过小则难以听清，最好是根据面试现场情况而定，以使得每个面试官都能听清你的讲话为原则。

在部队时声音响亮、语速像机关枪一样快，确实是很多领导欣赏的优点，但在面试时则未必。即使是应聘警察、保卫人员等与部队性质相近的职位，保持适当的语速和音调也是加分项。

注意减少口头禅，更要避免不文明用语。这些在日常交谈中可能会增强亲切感，但面试时会让面试官反感，因此必须尽量用正式的文明的语言。

交谈时不要打断别人，即使是竞争对手也要耐心等待对方说完，最好是确认对方说完之后，再发表自己的观点。千万不要在微表情和身体动作中表现出"你这全是放屁，快把阀门关闭"的样子，因为面试官甚至竞争对手都会敏锐地发现这种负面状态，对自己形成非常恶劣的印象。

要认真聆听对方说话，以微笑、点头、眼神接触等方式表达赞同。即使有不同观点时，也要先尊重和肯定他人的观点,再陈述自己的观点。

交谈时除了表达清晰外,要注意使用美妙词汇来增添语言的魅力。适当的时候可以增加一些有趣、幽默的语言,使得谈话气氛更加轻松愉快。尤其当遇到比较难回答的问题时,机智幽默的语言会展现出聪明智慧的一面,有助于化险为夷,增加面试官的好感和信任。

2. 抓住提问机会

退役军人不要只是被动地回答面试官的问题,或者不管面试官说什么都一味迎合地说"是的,是的",因为这样会给对方留下"没有主见",甚至"马屁精"的负面印象。

面试结束的时候,有经验的面试官会主动提供机会,比如"你还有什么想问的吗?"之类。这也是面试过程的一部分,顺便测试你对单位了解的程度和兴趣。因此这种问题一定不要客气地放过,而要提出自己的问题,最好是对自己入职后一些应该关注的事情。从对方回答的态度和详细程度中,也能基本判断出是否会录用。

适当的时候,也可以主动提出问题或谈谈自己的观点。切中面试过程中对方提出问题的、有深度的提问,可以让面试官注意到退役军人所具有的能力和素养。独到的个人见解和具有鲜明个人特点的回答,往往会引起面试官更大的兴趣和更多的注意,给他留下更深的印象。

不过要注意的是,要根据面试进程的阶段和氛围提出问题,也就是要把握好时机。提问的前提,是确信对面试成功有帮助。因此不要毫无目的地问出和面试不搭界的问题,也不要在不了解单位特点的情况下,提出幼稚或者外行的问题。

另外,要把握好提问的语气,尽量婉转、含蓄,给对方以诚挚、谦逊的感觉。切忌用反问、质问或者咄咄逼人的语气向面试官提问,好像从高炮部队借来火药一般。

五、签订合同

在进行了一系列的过关斩将和"双向选择"后,如果双方印象不错,就可以考虑签订劳动合同了。由于应聘者对劳动合同的重要性认识不足,或者相关知识掌握不多,所签订的劳动合同往往不规范,引发后来的劳动纠纷和法律争端。因此,在签订合同的时候,一定要慎重。

虽然退役军人大多数在正规单位就业,一般签订的是条款固定的格式合同,但掌握相关知识仍然非常必要。

1. 要求签订书面合同

劳动合同是招聘单位和应聘者建立劳动关系,履行各自义务、维护各自权利的依据,只有白纸黑字的书面合同才有法律效力。但是,有些规模较小的企业,出于各种原因(如少交社保),不愿意与新聘的员工签订书面形式的劳动合同,或者以口头形式规定各自的权利和义务。

不签书面劳动合同的确省事,但是一旦发生劳动纠纷,应聘者的合法权益得不到保护,可能会遭受较大损失。因为没有依据,口说无凭,即使包公再世也难以评判和确定哪方有理,退役军人事务局等部门也无能为力。很多真实的纠纷事件中,起因都是有些退役军人碍于面子,或者出于信任,开始时没有坚持书面合同。因此,退役军人必须与招聘单位签订书面劳动合同。如果单位拒绝,宁可不去这种缺乏保障、风险很高的地方上班。

2. 合同必须合法

并不是所有经双方签了字、盖了章的劳动合同都受法律保护。有些合同在签订的时候就没有法律效力,对招聘单位和退役军人都没有约束力,而最后吃哑巴亏的往往是退役军人,比如合同主体不合格(签订合同的单位不是独立法人等)。

签订合同时,如果退役军人觉得不合理或不对劲,可以暂缓签字,以拍照等方式留下证据,咨询律师或行业资深人士,确认没问题了再签字。

劳动合同至少一式两份,双方各执一份,退役军人应妥善保管自己的那份劳动合同。

3. 对合同文本要仔细推敲

退役军人在准备签字时,需要仔细查看合同中的各项条款,看合同是否存在陷阱。也要对合同文本进行仔细推敲,发现存在语言模糊或有歧义的地方,要及时与单位商议和确认,需要更正的应当更正。

签订劳动合同前,应仔细阅读关于招聘职位的工作说明书、岗位责任制、劳动纪律、工资支付规定、绩效考核制度、劳动合同管理细则和有关规章制度等文件。这些文档一般作为劳动合同附件,与劳动合同具有同样的法律约束力。应当要求招聘单位将这些文件作为劳动合同的附件,因为它们与退役军人的利益和权益密切相关。

当劳动合同涉及数字时,应当使用大写汉字,避免一方故意窜改。

毕俊营看到这么多注意事项,汗流得比在部队训练时还多,真担心将来"心累"。他暗下决心:一是要到管理正规的单位工作;二是绝对不能糊里糊涂地签合同,一定要多看看合同文本,有疑问一定要及时提出来,也要多向丁新成请教,相关的学习也不能忽视。

第二节 简历准备

一、简历撰写要点

简历是对应聘者技能、资质、学习及工作经历等方面的高度总结。好的简历就如同一块敲门砖,能让招聘单位在较短时间里对应聘者的情况有大致了解,在众多应聘者中脱颖而出，迈出应聘成功的第一步。具体而言，要注意以下六个方面，如图6-2所示。

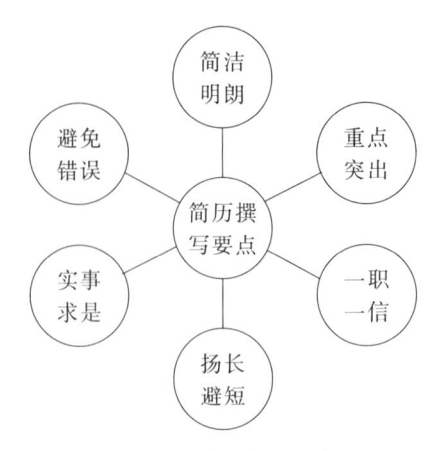

图6-2　简历撰写要点

1. 简洁明朗

如果招聘单位或者招聘职位的吸引力很大，可能一个职位就会收到几百份甚至几千份简历。面对这么多的简历轰炸，进行招聘的HR不可能每份都仔仔细细从头看到尾，尤其是那些篇幅过长的简历，往往会让HR厌倦而直接丢掉。而内容言简意赅、条理清晰、结构合理的简历，会让HR一目了然，更容易吸引注意，获得面试机会。

因此，简历篇幅不要过长，尽量控制在1—2页，并注意把重要信息写在明显的位置，方便HR一眼看到。即使退役军人多次立功受奖，或者有其他辉煌经历，也要选择与岗位要求相关度高的、最有代表性的列上即可，切忌那种连最小的荣誉也不肯放过，全都填上去的做法，这反而会引起HR的反感。

2. 重点突出

很多退役军人很喜欢将自己所有的素材都写进简历中，结果造成亮点被埋没，或者亮得超过岗位要求，结果都会被拒绝，因为招聘单位要的是所有应聘者中最合适的那位。

HR筛选简历的标准，是是否符合岗位要求，相对于岗位要求过高或过低的简历都不接受。因此，退役军人应当对照招聘通知中的岗位要求，提供相应的说明和证明。尽可能突出能胜任应聘职位的各方面素质和能力，并写出自己的独特之处和闪光点，在有限的篇幅中传达出最重要、最有效的信息。必要时，可以通过改变字体格式来强调。

3. 一职一信

不同的单位或职位对所需人才的要求，绝大多数是不同的。因此，退役军人在写简历时，必须针对不同应聘单位或者职位，进行事先分析，调整强化自己适合这个职位的内容。只有这种量身定制式的简历，才符合招聘单位的期待，才能"一枪命中十环"。

虽然现在E-mail群发省时省力，但这种简历大多沦为垃圾邮件，根本不会带来什么好的面试机会。

4. 扬长避短

招聘岗位的要求,和很多非常年轻单纯的人找对象时的要求类似,大多非常理想化,现实中很少有应聘者能够完全达到的。尤其是退役军人,一是不要被那些看似远在天边的要求吓到,因为其他竞争对手也达不到。二是要处理好自身能力与岗位要求的差距。原则是"真话不全说",也就是不要强调"某项能力不足",避免在简历阶段就遭到淘汰。而要尽量突出能够达标的长处,尤其是专业技能和素质,比如会熟练操作哪些设备、熟练程度如何。

5. 实事求是

实事求是,是撰写简历的基本要求。坚持"假话全不说"的原则,要客观真实地说明自己的情况,不虚构也不夸大。没有做过的工作不要写成做过,也不要用华丽的词藻夸大自己,更不要为了包装自己,去伪造证书,任何单位都是绝不会容忍弄虚作假的行为的。

对于确实存在的事情,比如业绩、成绩,多用数字、证书等来表达,突出工作实绩,才能让HR信服。

6. 避免错误

简历写好后,一定要仔细检查。首先,确保各项信息无误,也没有前后矛盾之处。尤其不要出现错别字,不然会让HR觉得自己文化水平低,或者做事很粗心。

其次,确保语句通顺,字体、段落排版恰当,没有字体大小、段落间距等方面的失误。

很多退役军人文字表达能力不强,最好写好简历之后,让有经验的人帮忙把关,找出词不达意、细节粗略之处,及时修改。

二、注意客观内容

一份简历中,首先是客观内容的描述,一般包括基本信息、求职意向、教育背景、工作经历和能力特长等内容,如图6-3所示。

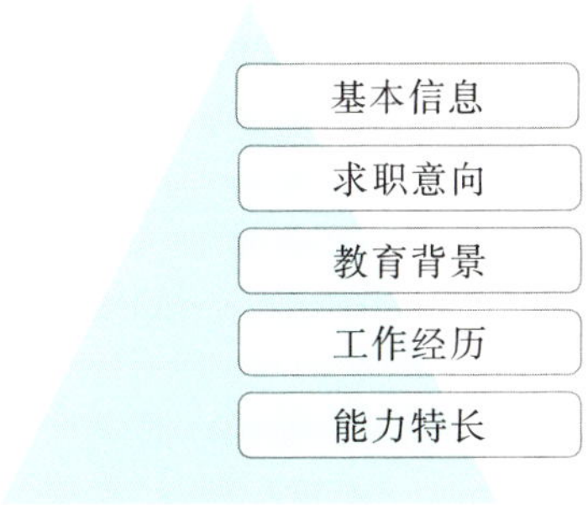

基本信息
求职意向
教育背景
工作经历
能力特长

图6-3　简历客观内容

1. 基本信息

基本信息包括姓名、性别、出生年月、籍贯、民族、学历、电子邮件、联系电话、微信号等,基本信息一般写在简历最前面。特别是联系方式,一定不要缺漏或出错,以便招聘单位能够及时联系,避免错过重要信息。

如果招聘单位要求填写除此之外的基本信息,比如婚姻状况等,只要不涉及隐私,退役军人也要罗列出来。原因非常简单,基本信息的缺项,是淘汰的第一大理由。

2. 求职意向

很多单位招聘时,可能一次推出多个职位。因此,需要在求职意向一栏中,明确说明应聘的具体职位,方便HR根据职位对应聘者分类。

如果希望应聘多个职位,也要特别说明。不过一般不鼓励这种行为,因为这会给HR留下对自己职业能力不明确,或者"样样通样样松"的负面印象。

强烈建议退役军人在做过前面五章的各种测评和规划之后,以对自己和职业的深度理解,瞄准最适合的职位,实施外科手术式的精准攻击,提高成功率。

3. 教育背景

包括教育经历和培训经历。其中教育经历要按照要求,全部写明,比如何时何地从哪所学校毕业,学习何种专业。培训经历,则必须强调与职位的相关性。重点写明何时何地受过哪些专业培训,培训的主要课程有哪些,获得什么证书等。与应聘职位不相关的培训,一定要删除。

4. 工作经历

招聘单位主要是想通过应聘者曾经的工作经历,判断应聘者工作能力、社会阅历和社会经验。其中,最看重应聘者近期的工作经历和与招聘职位相关的经历。因此,撰写的时候可以采用倒叙方式,时间最近的放在前面,最相关的放在前面,特别是级别高的相关荣誉或者业绩放前面,使招聘单位更易获得重要信息。

为了突出最重要、最具有说服力的工作经历,需要写明时间、工作名称、职责、业绩或成就,并准备好相关的证明材料。

5. 能力特长

能力特长可以增加招聘单位的好感,也可以让其更全面了解退役军人工作和生活的态度。与工作经历类似,写能力特长时也要注意相关性,把认为与职位相关的放在前面。

在专业能力能够达标的前提下,如果有文艺或体育方面的特长,也可以写上。这不仅是锦上添花,有时甚至是决胜因素,因为很多单位也迫切需要这方面的人才。

三、注意简历的结构

1. 表格式简历

表格式简历的优点是一目了然,易于阅读。缺点是表格可能会限制字数,造成有些内容无法详细表达。

2. 文字式简历

文字式简历主要是用文字进行表达,因此可以详细完整地介绍个人情况。在写文字式简历的时候要注意以下四点:

一是段落要分明,每段内容都有主题思想,重点内容宜放在段首。

二是顺序要清晰。可以按照时间顺序说明工作经历,时间线能够展现出个人持续向上的成长全过程,对于有较丰富工作经历的退役军人会更适合。也可以以曾经从事工作的职能类型来介绍你的经验、技能、职位和业绩,突出强调技能和个人资历。

三是逻辑要严谨,不能有前后矛盾之处。

四是重点要突出。尽可能文字简洁,不能任性地堆砌内容,以免让HR失去阅读的耐心和兴趣。

文字式简历中,个人基本信息部分可以使用表格,有助于更加清晰、简明地展示个人信息。

3. 创新性简历

很多单位现在要求应聘者使用图片、漫画或视频来制作简历,既能减少查看传统简历的雷同感和枯燥感,也能快速考察应聘者的创新思维和表达能力。

特别是艺术、广告、设计等领域的应聘者,往往喜欢打破标准简历格式模板,因此会采用各种新颖、独特、极具个性的简历。这种别出心裁、与众不同的简历,能够体现应聘者的想象力和创造力,会吸引招聘单位的注意。

即使单位没有硬性要求提供这种创新性简历,建议退役军人也可以给自己准备一份。尤其是漫画或视频简历,能够对自己的综合表达水平全面检验,而且制作过程非常有趣,没准儿还能发现一项新的爱好,多学一样本领。

毕俊营明白了:简历的内容虽然最多两页,但是分量却很重,要尽量让敲门砖变成闪亮的金砖。原来那个按照模板填充的简历太随意了,根本没有脱颖而出的可能。在写简历之前,一定要结合前面五章做过的各种测评和规划,聚焦重点行业和职位,认真对照职位要求,准备相关内容。简历写好之后,一定要请丁新成把关,这么专业而且够意思的HR可是打着"LED灯"也难找啊!

他还想拍一个视频简历,争取在5分钟之内对自己做一个全面的总结和展示。想到这他自信地笑起来:"以咱这颜值和身板,很有C位出道当网红的潜力啊!"

第三节 面试技巧

一、自我介绍

自我介绍是面试过程中的第一步,也是决定成败的第一步。做好短短两三分钟的自我介绍,足以给面试官留下深刻的印象。为此需要把握以下三个重点:

1. 语言表达清晰

在进行自我介绍时,必须包括自己的基本情况、学习经历、工作经历等内容。通常情况下,自我介绍是非常固定的格式,面试官也听得耳朵起茧,只是利用这个机会迅速考察一下退役军人的基本语言表达能力。

但是,退役军人仍然可以"小题大做",通过组织精练的语言,简短清晰、层次分明、重点突出地展示自己的特点。比如,可以对自己的名字做出新颖的解读,让面试官牢牢记住。退役军人也可以将从军经历与职位可能的联系,用一两句有趣的话概括,一定能在面试官心里留下深刻印象。

2. 内容突出优势

退役军人应该结合岗位的需求,重点介绍自己与应聘职位有关的专业知识技能、工作经历和成绩荣誉。最好运用一下"冰山理论",以水面上的一小部分,吸引对方探究水下更大的部分。

具体而言,自我介绍开始时不要过多列举自己的强项,而是以简练的语言说明自己的优势,引起面试官继续询问的兴趣,再进一步介绍自己还有什么撒手锏。为了做到言简意赅,尽量用业绩或事实说话,用数据说话。

3. 态度礼貌谦和

一个礼貌的开场白,一份充满尊敬的致意,都会让面试官心生好感。面带微笑、使用尊称、从容不迫、温和有礼,都会给面试官留下很好的印象,大大提升自我介绍的效果。

另外,切忌言过其实,趾高气扬。不然面试尚未结束,自己在面试官的心里早已被判出局。

二、回答问题

回答面试官的问题时,态度要积极、真诚、谦虚。坚持"五不要":

不要回避或故意忽略自己不想回答的问题,比如回答"这事比较敏感";

不要说假话,比如虚构自己的经历和经验;

不要显得过于固执,比如认为只有自己的观点才是真理,而排斥或否定其他人的观点;

不要重复啰唆,把说过的事情反复提起,或者为某个观点频繁地提出证明,尤其那种大家已经知道的事情;

不要答非所问。若不太确定面试官的问题时,一定要问清楚再作答。比如,"您是不是让我回答……的问题",或者"您的意思是……,我这样理解对吗?"这样既展现了谦虚谨慎,也给了对方很大的尊重。

另外,回答问题时,如果能用数据来支持观点,会极大地增强说服力,也会给面试官留下头脑清晰的好印象。

三、典型问题如何应对

1. 你认为自己的缺点是什么

对西湖区755名退役军人的调查显示,31.26%的退役军人在面试时会主动介绍自己的缺点,34.30%的退役军人则相反,另外34.44%的退役军人在面试时会视情况而定。这个比例虽然平均,但也说明大部分退役军人尚未掌握如何正确应对这个问题的方法。具体数据如表6-2所示。

表6-2 退役军人主动介绍自己缺点调查情况

选 项	人 数	比 例
A 会	236	31.26%
B 不会	259	34.30%
C 看情况而定	260	34.44%

其实,这是个有点坑也很难的问题。如果找不到自己的缺点,面试官会认为此人过于自恋,对自己没有正确的认知和评价,也没有继续学习改进的主动性。反之,如果缺点说得太大,又会被认定缺乏自信,或者判断此人不适合职位。

退役军人职业起步

因此,面对这个问题,确实要找到自己的缺点,但不宜说出让人会误解的缺点,也不要说出会与自己应聘工作相对立的缺点。最好是诚实地说一些无关对道德、品质、职业素养大局,而且通过学习和培训一定能改进的缺点。比如,如果说自己有拖延症就不利于面试成功,而说自己不擅长安排工作顺序就好得多。

评价自己的缺点时,语言要恰当。更重要的是,一定提出克服这些缺点的方法,赢得面试官的信心和好感。

2. 你对加班怎么看

在某些行业和职业,加班可能是一种较普遍的现象,当面试官提出这个问题,是想知道退役军人对这方面是否有足够的心理准备,以及是否具有吃苦耐劳的品质。

因此,可以这样回答"在自己责任范围之内,不能算加班""在工作中加加班、赶赶任务,是工作需要,我很愿意把工作做得更好",向面试官表达高度的工作热忱。很多退役军人有过为重要军事任务连续多日高负荷运转的经历,此时也可以举出这些事例,无疑是最有特色和说服力的证明。

3. 你期望的薪水是多少

这是一个经常会被问到但又是有点危险的问题。如果回答得太低,面试官觉得此人不自信、不值钱,回答得太高呢,又会觉得此人不知天高地厚,或者贪得无厌,以一句"我们这小庙请不起你这样的大神"直接打发走。更不要说什么"你们看着给吧",把自己说得像在街头卖艺一样。

如果对单位的薪水状况不了解,可以这样回答:"薪酬不是我最主要看重的地方,我更看重锻炼和发展的机会。我也相信,单位一定会让我的付出,得到合理的回报。"

更好的回答,是在已经心里有数的前提下,说一个适当的数字。每个单位都有相对稳定的薪酬体系,并不会因为某个新人的要求而有多大的改变,新人的基本待遇也相对固定。因此可以在面试前事先了解所处地区、行业和单位现有的薪酬水平,回答时就能轻松过关。

4. 如果录用你,你将怎么开展工作

提这个问题的目的,是考察退役军人是否有长远计划的意愿和能力。因此,回答时注意三点:

首先要强调自己很愿意成为单位一员,并会非常努力为单位工作,与单位共同发展共同进步。

其次,根据事先对应聘职位和职位所在部门的了解,结合单位和部门年度目标,提出相应的工作重点和简要计划。换言之,把职业规划中制订目标和计划的方法,在此运用一下。

第三,表现出谦虚好学的态度,补充"这是不成熟的想法,请各位指正""将来会按照领

导指示和要求"等。

5. 你怎么看待这个职位

问这个问题的目的,是判断退役军人对于该职位的了解、兴趣和诚意。因此在面试前最好预先查阅有关这个职位的资料,比如职能、与其他职位的关系、发展前景等,同时还要了解大概的行业现状和趋势,避免说外行话。

也可以说出从事这个岗位最需要什么,强调自己已经具备了对应的素质。

6. 如果录用你,你如何胜任这个职位

这个问题主要是考查退役军人对工作的热情,以及为职位提升自己能力的愿望,从而判断退役军人是不是招聘单位所需要的人才。

回答时,可以结合自己的工作经历和对职位的理解,重点说明两点:

一是现在拥有什么。强调自己的知识基础、工作技能、实践经验,以及责任心、适应能力和学习能力,能达到岗位要求。让面试官感受到积极上进,愿意来到单位并学习更多知识和技能,愿意踏实工作。比如可以说"几年来一直从事此领域的学习,职位要求我都具备,相信自己能够胜任这一工作"。

二是未来什么打算。准备做哪些事情,能够保证自己做好工作,并且越来越好。尽量展示自己勇于接受挑战的个性,显示信心和决心,以更好发挥自己何种特长和作用,为单位发展做出更大贡献。比如可以说"我会报名什么培训,提升哪方面能力"。

7. 我们为什么要聘用你

这个问题,比上一个问题更进一步,因为不但要说明自己"胜任职位",还要说明自己比竞争对手更胜任。核心是证明"他们虽然很棒,但我是最棒的",也就是在肯定其他竞争对手的基础上,强调自己独特的或者其他人缺乏的优势。

比如,退役军人可以讲述自己在某些特殊困难环境下如何训练的过程和成绩,突出自己克服巨大困难的勇气和更强的执行力。

8. 你离开上一家单位的原因是什么

这个问题,和"你为什么和前任分手"一样,貌似送分题,一不小心就成了"送命题"。如果你把前任说成垃圾,别人就会怀疑"和垃圾在一起的,肯定也是垃圾";反之,如果你把前任夸成一朵花儿,别人也会怀疑"人家这么好你们还分手,肯定也是垃圾"。

因此,回答时坚持"三不宜"原则:

一是不宜评价上一家单位的好坏,只把离职原因说成"不适合",或者"不是我的菜"为妙;

二是不宜把离职原因说得太过于具体详细,简单地说成"希望找到更大的发展空间"即可;

三是不宜提及如"人际关系复杂"和"管理太混乱"等带有强烈主观感受的话,因为很

容易让面试官觉得带有偏见或情绪,进而联想到自己的单位;

四是不宜说是"都是我不好"之类强烈自责或者咎由自取的原因,会让面试官感觉缺乏责任感、懒惰、性格孤僻等。

稳妥的回答是找客观原因,如"由于市场形势严峻,公司发展不够好,已经倒闭了",或者与自己发展规划冲突方面的原因。

无论怎么回答,最重要的就是要让面试官感受到:过往的离职原因在这里不存在,否则很容易对号入座。

9. 这份工作很枯燥,你怎么看

这个问题其实是想考察,退役军人是否有足够的心理准备,来面对未来工作的重复或者单调。可以这样回答:"其实什么工作做久之后,多多少少都会感到有些枯燥。但我会在其中寻找乐趣,比如我经常给自己定个小目标并努力完成它,或者尝试创新和改进,以成就感的满足让枯燥变得有趣。"还可以这样回答:"再枯燥的工作也比无所事事有趣,只要能保质保量地完成任务,对我来说就很有成就感。"

10. 为什么选择我们公司

这是面试官经常会问到的问题,因为希望试图了解求职动机、求职诚意、求职意向、求职愿望以及对职位的态度。因此,退役军人可以从行业、企业和岗位这三个角度来回答。

"我十分看好这个单位所在的行业;单位为人才提供了很好的发展机会;我愿意并相信自己能奉献自己的力量。为此也在相关领域积累了较多的经验和技能,在此可以一显身手,共同发展。"

11. 你的文体特长或经历是什么

如果面试官问起特长,是一个非常有利于展示自己优势的机会。列举自己擅长的文艺或运动,可以让面试官更多地了解自己的个性特征。此时可以尽量突出自己的爱好、兴趣、志向及工作经验等,向面试官展示出一个自信、开朗、有才、努力的形象。如果气氛轻松融洽,也可以谈点关于特长的一两件趣事或感受,会让面试过程更加充实和活跃。

关于经历,面试官通常会根据简历上的各项资料展开进一步询问,希望从过往经历中判断是否胜任。为此需要做好多方面的准备:

首先,经历一定要与应聘职位有关,最好是能帮助增长实战经验的。

其次,要牢记简历上对自己经历的具体描述,因为简历中任何内容都可能成为问题的来源。

最后,要为这些描述备好充分的证据,比如业绩、获奖等。列举成功的经历,以及当时的情境、足够的细节、工作所带来的乐趣,增加面试官的信任。

通过学习,毕俊营掌握了这些面试技巧,心里踏实了很多——面试问题可能涉及学习、工作、生活的方方面面,不过不必有"考虑吃天无处下口"的担忧,而要以简历中涉及的内容为主线,准备好思路和证据。此外,很多问题并无标准答案,面试官也不需要标准答案,只要理解了面试官提问的意图,并有针对性地回答,就能获得面试官的青睐。

第四节 薪资谈判

一、为自己合理定价

薪资是退役军人生活的保障,每位退役军人对自己的薪资水平都有估价和预期。然而过高或者过低的估价和预期,都会影响自己的判断和决策。因而,退役军人要对薪资进行正确的心理定价。

1. 了解地域差异

不同地域的薪资待遇也会有较大差异。比如上海、北京、深圳等大城市的薪资水平,一般要高于其他国内城市的薪资水平。

2. 了解市场价

多留意应聘职位所在地的市场价,包括平均价、最高价和最低价。这些信息可以通过求职网站或人才交流中心公布的数据查询到。

如果知道了市场行情,根据自己的职业竞争力,就可以大概明白自己薪资的上限和底线,建立合理的预期,一般选择平均价和最高价之间的某个数值。

3. 了解招聘单位的薪资水平

即使同一职位,不同行业、不同单位的薪资水平也会有一定的差别,也未必和市场价格吻合。比如软件、金融、互联网等行业的薪资水平,比纺织、煤炭行业高;效益好的大企业比普通小企业高。

因此,最好事先多渠道了解招聘单位大概的薪资水平,再衡量自己是否能够接受,既能避免浪费时间,也可以保证面试官觉得自己要求的薪资是合理的。

二、薪资谈判技巧

对西湖区 755 名退役军人的调查显示,24.77% 的退役军人在面试时会主动谈论薪资问题,35.76% 的退役军人在面试时不会主动谈论薪资问题,39.47% 的退役军人在面试时会视情况而定是否主动谈论薪资问题,具体数据如表 6-3 所示。

表6-3　退役军人主动谈论薪资问题调查情况

选　项	人　数	比　例
A 会	187	24.77%
B 不会	270	35.76%
C 看情况而定	298	39.47%

面试过程中，难免会谈到薪资的问题。然而，这是一个敏感而困难的问题，很多求职的失败，源于招聘单位与退役军人之间薪资谈不拢。因此，退役军人应当掌握谈判薪资的技巧，掌握谈判的主动权。

1. 把握讨论薪资的时机

一般来说，如果面试官愿意录用退役军人，会主动询问退役军人薪资期望等问题，此时退役军人可以顺水推舟，说明自己对薪资的要求。过早提出会显得"钻到钱眼里"，过晚则显得假清高。

2. 谨慎回答现在的收入

如果面试官询问现在的收入水平，一定要谨慎作答。可以采取避实就虚的方法，不要直接说出目前的具体收入，因为太多或者太少可能都会影响下一步的开价。退役军人可以回答"过去的收入并不重要，重要的是我的工作能力得到了提升"，并向面试官展示自己能为单位做哪些贡献，为"开价"奠定基础。

3. 合理为自己"开价"

薪资谈判与商业谈判类似，都是双方实力和心理的博弈，先出价的往往暴露底牌而陷于被动。由于大部分应聘者处于弱势地位，最好等待面试官先开价；如果对方开价达到自己心理预期，也不要喜形于色，可以略微思考片刻再大方地表示可以接受，或者提出略高的开价试探。

如果面试官坚持非要应聘者先开价，切记不要贸然出价，最好先进行铺垫和引申。比如，和面试官探讨此类职位或此类人员通常的薪资水平，再展示自己胜任这个职位的专长、经验和优势。潜移默化地带好节奏，然后再提出自己的想法，这样面试官会觉得自己的开价合情合理。

三、挑战高薪

我们有幸生活在这样一个昂扬向上的时代，只要所做的事情确实对国家和社会有价值，就会得到合理的回报。虽然高薪不应该是职业追求的唯一目标，但努力让自己的职业贡献得到相应的经济回报，是非常值得的。

1. 敢于接受难活重活

有些人之所以不能获得高薪，不是因为能力问题，而是缺乏勇气。所谓"富贵险中求"，不敢主动应对挑战，很难拥有高薪。比如，某公司准备开拓新市场，大部分人缩手缩脚，而少数人豁得出去，反而成为新市场的开拓者。在严峻的考验中，他们很快地成长为独当一面的将才，进入了"步步高薪"的上升通道。

2. 付出双倍努力

高薪的人往往对工作充满了热情，会付出别人双倍的努力。而且现在有个世界性的现象，越是有钱的人，越是聪明能干的人，反而越努力。与此形成鲜明对照的，是越基础差的越甘于平庸，甚至越丧。

此时的毕俊营，对于薪资不再是"爱你在心口难开"，而是决定认真研究自己的目标行业、单位的薪资情况，也给自己一个合理的期望。面试时，他也会运用谈判技巧，为自己争取更好的待遇。入职后，他也将勇于面对挑战，争取拿到高薪。一想到美好的未来，他不禁觉得自己浑身上下充满了动力和激情。

第五节 求职礼仪

礼仪是个人修养的外在表现，对求职无疑有很大的帮助。对西湖区755名退役军人的调查显示，22.65%的退役军人对求职礼仪非常了解，44.11%的退役军人对求职礼仪了解，20.53%的退役军对求职礼仪不是很了解，7.95%的退役军对求职礼仪一点也不了解，4.77%的退役军人没有考虑过求职礼仪的问题。这说明，接近80%的退役军人需要补充求职礼仪的知识。具体数据如表6-4所示。

表6-4 退役军人对求职礼仪的了解程度

选项	人数	比例
A 非常了解	171	22.65%
B 了解	333	44.11%
C 不是很了解	155	20.53%
D 一点也不了解	60	7.95%
E 没考虑过	36	4.77%

一、着装

　　得体的着装是求职面试中基本的礼仪，会给面试官留下深刻的第一印象，对面试的成功起着重要的作用。一个人的文化素养、社会地位、受教育程度、成熟度、家庭教育和人格魅力等，往往能够通过服饰反映出来。

　　因此，退役军人参加面试时要精心准备着装，做到得体、整洁、大方，适合应聘职位。比如应聘政府部门、金融银行系统等，穿着可以偏向传统正规。应聘广告、公关、时尚杂志等，穿着的服装可以增加一些流行元素，但也不能太突兀。有些互联网公司可能偏爱T恤、板鞋。应聘技术操作岗位，可以穿着朴素一些。

　　在面试之前可以了解一些应聘企业的文化、工作类型、工作性质等，观察单位员工的着装特点，选择合适的着装。

1. 男士着装

　　一般是以西服套装、衬衫、领带为主。西服的颜色可以选择深色系，比如深蓝色、藏青色或者黑色，显得庄重。西服的款式可以选择单排扣，最下面的一粒扣子一般不系。

　　衬衫的颜色要和西服颜色整体和谐，一般以白色和蓝色为主，衬衫的领子应挺括。冬天的时候，若需在衬衫里面添加保暖内衣，不要将保暖内衣露出领口或者袖口。

　　领带的颜色需与西服、衬衫相协调，不要过于艳丽，图案不要过于花哨。领带的长度不要过长或者过短，以在腰带上方一二厘米为宜。打领带的时候，要扣好衬衫的纽扣。

　　皮鞋要保持干净，不仅仅是鞋子正面，而是除了鞋底之外都要洁净。很多面试官喜欢"看上去很美"，会从鞋子开始向上观察，并判断退役军人是否注意细节。

　　袜子与西服和皮鞋的颜色同色系，以深色系为最佳，最好是长筒袜，避免坐下时露出小腿。

2. 女士着装

　　一般以西服、套裙为主，给人端正、优雅、舒服的形象。西服不宜太过紧身和暴露，领口不宜过低，若领口稍低可搭配一条丝巾。套裙的长度不宜过短，以齐膝裙或过膝裙为好。

　　女士服装颜色的可选范围较广，但切忌大红大绿、过于花哨。

　　干净整洁的妆容可以增加自信心，但切忌浓妆艳抹、过分时髦。

二、见面礼仪

1. 准时到达面试地点

遵守时间是职业道德的基本要求,所以一定不要迟到。

合理安排时间,提前5分钟到达面试地点。发挥在部队集合时的优良作风,留下足够充裕的时间。这样既能保持更加放松的心情和从容的仪态,熟悉一下面试场所,缓解一下紧张的情绪;也能借机观察竞争对手,做到"知己知彼,百战不殆"。比如,可以从竞争对手等待过程中的表情、谈吐,初步确定无领导小组讨论时是否要和某些人保持一致观点等。

万一确实遇到客观原因而无法按时到达面试地点,应至少比约定面试时间提前20分钟电话告知应聘单位,说明原因,并表达诚挚歉意。

2. 耐心等候面试

进入应聘单位,可以向前台或者工作人员开门见山地说明来意,由对方带领到指定区域等候。对前台或者工作人员要注意以礼相待,真诚表达感谢。

一般来说,单位面试往往一次会安排较多人,需要候试。候试其实也是面试的一部分,招聘人员借机观察退役军人的耐心、自我管理能力。

因此,在候试过程中,坐姿要端正,不要坐立不安,不要在候试区来回走动、四处张望,也不要到工作区观看其他工作人员的工作。

保持安静,不要大声交谈;手机应当调至静音状态,避免干扰他人。如果必须要接听电话,最好到卫生间或角落,以最小音量交谈。

3. 先敲门后入室

虽然不必像在部队时那样喊"报告",但进入面试室时一定要先敲门,得到许可后方可进入。不要直接推门而入,也不要先探头张望。

敲门时,以三到五下为宜,不要敲得时间太长,或者响声太大。

进门后,应转身双手轻轻关上房门。

4. 主动与面试官打招呼

进入面试室,要面带真诚、自然的微笑,给面试官留下友好的印象,赢得好感。

在与面试官有目光接触后,主动与面试官打招呼,问候"上午好"或者"下午好"。若面试官首先问候"你好"或者"很高兴见到你"等,应及时回应。

5. 注意握手礼仪

握手的原则是"尊者主动",因此不要贸然上前伸手与面试官握手。如果面试官先伸手,退役军人就热情相握。

握手要坚定有力,双眼直视对方,面带微笑。

握手时，用力不要太重也不要太轻，一般与面试官同等力度即可。

握手时间以三到五秒为宜，除非有人在旁边拍照。等面试官松手后，退役军人马上松开。

6. 从容大方退场

当面试官告知面试结束时，退役军人应微笑起立，礼貌道别并表示感谢。

离开时要带好自己的物品，不要丢三落四。如果面试官那里有自己带来的资料，可以礼貌地询问"您要保留这份资料吗"，对方确认不保留之后，上前自行取走，或双手接过面试官递来的资料。

注意将桌椅归位摆放，方便下一位应聘者面试入座。

三、入座礼仪

进入面试室后，不要随意立马坐下，需等面试官指示"请坐"时，退役军人道谢后再入座。如果没有经过允许急于坐下，可能会坐错位置，也会给面试官留下随意散漫的印象。

入座时从左侧走向自己的座椅，小腿确定好座椅位置，轻稳入座。注意不要产生大的响声，显得慌张，给自己带来心理压力，也让面试官不悦。

入座后要注意保持良好的坐姿，端正、舒展、得体。不要紧贴着椅背坐，不要坐满整个座椅，一般以坐满椅子的三分之二为宜。坐下后腰背挺直，身体略向前倾。

双手可自然放于桌子或者扶手上。若无桌子或者扶手，男士双手可自然放于膝盖上，双腿可微微分开；女士双手可以搭放于腹部或者双腿之上，注意双腿要并拢不要分开。

交谈时注意避免抖动双腿，避免翘起二郎腿，避免双臂叉于胸前，避免各种不雅局促的动作。

面试结束，离座时要先示意面试官，不要突然从座椅上站起吓到面试官，起身时尽量不要弄出声响。

对于退役军人而言，可以不必死记硬背这些规则，只要保持在部队开会时的要求，注意不要表现得生硬即可。

四、回答问题的礼仪

1. 注视对方

和面试官交谈时，要正视对方的眼睛和眉毛之间的部位，与对方目光有接触。

如果不正视对方，或眼神游移不定，会让对方感觉自己不专心、不重视、不自信，或者过于害羞。

2. 用心倾听

学会倾听是沟通的基础,也是重要的礼节。在面试时,用心倾听就不会错过面试官的每一句话,抓住重点,从而能够从容回答面试官的提问。

倾听时,要自然流露出尊重和真诚。身体可以微微倾向说话者,表示重视;要始终保持微笑,并适当做出一些诸如点头之类的反应。

一般情况下不要打断面试官的讲话,避免给人留下鲁莽、不礼貌的印象。

3. 注意面试官的反应

面试中,应随时注意面试官的反应,并及时做出调整。比如,面试官心不在焉,可能表示对退役军人的这段话没有兴趣,此时应该注意要转换话题;面试官皱眉、摇头,可能表示言语有不当之处;面试官侧耳倾听,可能因为音量过小。

根据面试官的这些反应,退役军人要适时适当调整自己的语调、语气、音量、修辞等,这样才能取得比较好的面试效果。

毕俊营的性格大大咧咧,一直以自己是个实在人为荣。现在,他深刻理解到:要想求职成功,除了自身能力过硬外,也要时刻注意礼仪。他打算周末让丁新成带他去买两套面试用的服装,再模拟一次面试,特别注意改进自己礼仪方面的不足。

第六节 签订劳动合同

一、签订书面劳动合同的规定

劳动合同是劳动者与用人单位确立劳动关系、明确双方权利和义务的协议。签订书面劳动合同时注意以下各要点:

1. 时间要求

正常情况下,用工或上班之前应当签订,最晚也要在用工之日起一个月内签订。

2. 生效

用人单位与劳动者都要在劳动合同文本上签字或者盖章,才能生效。

劳动合同文本由用人单位和劳动者各执一份。

3. 无效

以下情况的劳动合同均属无效,没有法律约束力。通俗点说,就是不遵守这种合同并不违法,对方不能以此为由追究法律责任。

没有遵循平等自愿、协商一致的原则,比如单方面规定的"霸王条款";违反法律、行政法规的规定采取欺诈、威胁等手段订立的劳动合同。劳动合同部分无效的,如果不影响其余部分的效力,其余部分仍然有效。

二、劳动合同期限与试用期期限

1. 劳动合同期限

根据《中华人民共和国劳动法》第二十条规定,劳动合同的期限分为固定期限、无固定期限和以完成一定的工作为期限。因此,根据有效期限的不同,劳动合同可以分为有固定期限劳动合同、无固定期限劳动合同和以完成一定的工作为期限的劳动合同。

(1)有固定期限劳动合同

用人单位与劳动者约定合同终止时间的劳动合同,即为有固定期限劳动合同。用人单位与劳动者可根据需要共同协商确定劳动合同的期限,期限届满,合同即告终止。

通俗点说,就是签订合同之时,已经规定好了几年的期限。到时候如果不续签,则双方自动散伙,最好能实现江湖推崇的"一别两宽,各自欢喜"。

(2)无固定期限劳动合同

用人单位与劳动者约定无终止时间的劳动合同即为无固定期限劳动合同。通俗点说,非常接近从前的终身制,是最有保障的合同。

《中华人民共和国劳动合同法》第十四条规定,有下列情形之一,劳动者提出或者同意续订、订立劳动合同的,除劳动者提出订立固定期限劳动合同外,应当订立无固定期限劳动合同:

①劳动者在该用人单位连续工作满十年的。

②用人单位初次实行劳动合同制度或者国有企业改制重新订立劳动合同时,劳动者在该用人单位连续工作满十年且距法定退休年龄不足十年的。

③连续订立二次固定期限劳动合同,且劳动者没有本法第三十九条和第四十条第一项、第二项规定的情形,续订劳动合同的。

用人单位自用工之日起满一年不与劳动者订立书面劳动合同的,视为用人单位与劳动者已订立无固定期限劳动合同。

(3)以完成一定的工作为期限的劳动合同

用人单位与劳动者约定以某项工作的完成为合同期限的劳动合同。通俗点说,就是按照完成的某项工作结算报酬,完成之后自动解除。

它一般适用于建筑业、临时性或季节性的工作、根据工作性质适合采取这种合同期限的工作。

2. 试用期期限

用人单位与劳动者在劳动合同中可以约定试用期。通俗点说,就是试用期要白纸黑字地写进合同,不能口头约定或任意延长,毕竟试用期内工资很低甚至零工资。

关于试用期期限,《中华人民共和国劳动合同法》第十九条明确规定:

劳动合同期限三个月以上不满一年的,试用期不得超过一个月;

劳动合同期限一年以上不满三年的,试用期不得超过二个月;

三年以上固定期限和无固定期限的劳动合同,试用期不得超过六个月。

同一用人单位与同一劳动者只能约定一次试用期。

以完成一定工作任务为期限的劳动合同或者劳动合同期限不满三个月的,不得约定试用期。

试用期包含在劳动合同期限内。

劳动合同仅约定试用期的,试用期不成立,该期限为劳动合同期限。

这些明确的规定,都是为了保护劳动者,避免他们沦为廉价劳动力。现实中,个别企业喜欢在试用期的时间和方式上搞花样,退役军人尤其要提高警惕,参照上述规定,在劳动合同上约定好试用期长短和报酬等事项。

三、劳动合同的必备条款

《中华人民共和国劳动合同法》第十七条规定,劳动合同应当具备以下条款:

①用人单位的名称、住所和法定代表人或者主要负责人;

②劳动者的姓名、住址和居民身份证或者其他有效身份证件号码;

③劳动合同期限;

④工作内容和工作地点;

⑤工作时间和休息休假;

⑥劳动报酬;

⑦社会保险;

⑧劳动保护、劳动条件和职业危害防护;

⑨法律、法规规定应当纳入劳动合同的其他事项。

除了这些必备条款外,用人单位与劳动者可以约定试用期、培训、保守秘密、补充保险和福利待遇等其他事项。

签订合同时,退役军人往往重视报酬、保险等内容,而忽略劳动保护和劳动条件、职业危害防护等条款。这有点"要钱不要命"的感觉,意味着巨大的风险,尤其是对于将要从事运输、保卫等职业的人员来说更是如此。因此,应提前查找类似职业中规范、完整的合同,以及相关的法律法规,做好记录。签订时将合同内容与相关的具体规定进行比较。

对试用期、培训和福利等内容,以及退役军人希望在劳动合同中体现的其他内容,当事人应明确提出,经双方同意确认后,在劳动合同中写明。

虽然现在的劳动合同一般为格式固定的合同,但退役军人在签订合同时还是要逐条对照上述条款的内容,千万不要盲目信任对方而大笔一挥,损害自己的切身利益。

四、关于就业避让

就业避让是指当事人双方约定,劳动者在劳动合同终止或者解除后的一定期限内,不得到生产同类产品或者经营同类业务,并与现在的用人单位有竞争关系或其他利害关系的单位内任职,也不得自己生产、经营与现在的用人单位有竞争关系的同类产品或同类业务。通俗点说,类似于部队的保密协议。

因此,用人单位在劳动合同中可以与劳动者约定就业避让相关条款。如果约定了就业避让条款,用人单位应当向劳动者支付一定数额的补偿费,补偿费的具体数额和支付时间应当在劳动合同中明确规定。

通俗点说,就是劳动者为此做出了一定牺牲,用人单位需要给予适当补偿。如果没有补偿,就业避让也就不受限。

五、关于商业秘密的约定

商业秘密是能为权利人带来经济利益,具有实用性并经权利人采取保密措施的技术信息和经营信息。通俗点说,就是用人单位的独家秘技,如果泄露了会带来经济损失,如配方、客户联系方式等。

用人单位在劳动合同中可以与劳动者约定商业秘密的范围、保密期限、保密方法等,防止企业商业秘密被侵占或泄露。

毕俊营知道,与普通的社会劳动者相比,国家对退役军人劳动合同方面的保护更加周全,因而原来对签订劳动合同方面的知识不是很重视。现在他明白了:签订合同时,自己还是要对照和检查上述重要内容,免得以后产生纠纷,毕竟解决纠纷费时费力,说不定还会耽误人生大事。

第七节 线上就业服务平台使用

线上就业服务平台,具有方便、快捷、不受时间地域限制等诸多优点。特别是在疫情防控期间,线上平台成了就业服务主战场。

一、主要平台及功能

1. 主要平台

除了专门面向退役军人的就业服务平台,各级政府也建立了很多面向社会的平台,因为就业服务也是最重要的基本公共服务。人力资源和社会保障部打造的"互联网+"公共就业创业服务平台,推出了网站、APP、自助终端、12333电话等多种渠道。

2020年2月,人力资源和社会保障部向社会公布中国公共招聘网和各省市区公共就业服务信息平台网址,为用人单位招聘用工和劳动者求职就业提供线上服务渠道,具体网址如表6-5和表6-6所示。

表6-5 浙江省退役军人重点关注的公共就业服务信息平台

序号	范围	网站	网址
1	部级	中国公共招聘网	http://www.cjob.gov.cn
2	部级	中国国家人才网	http://www.newjobs.com.cn
3	浙江	浙江人才网	http://www.zjrc.com
		浙江省人力资源网	http://www.zjhr.com
4	上海	上海公共招聘网	http://rsj.sh.gov.cn/zp/zyjs/index.shtml
5	北京	就业超市	http://fuwu.rsj.beijing.gov.cn/jycy/jycs/index.html

其他各省市区退役军人,或者希望到其他省市区就业创业的退役军人,可以参考表6-6。

表6-6 其他省市区公共就业服务信息平台

序 号	范 围	网 站	网 址
1	天津	中天人力资源网	http://www.cnthr.com
2	河北	河北省公共招聘网	http://rst.hebei.gov.cn/ggzp/
3	山西	山西人才网	http://www.sjrc.com.cn
4	内蒙古	内蒙古人才网	http://www.nmgrc.com/
5	辽宁	辽宁省就业人才网	http://www.lnjyw.net.cn
6	吉林	吉林就业创业网	http://jljycy.hrss.jl.gov.cn
7	黑龙江	黑龙江就业地图	http://hljjob.org.cn
8	江苏	江苏省职业介绍服务网	http://jshrss.jiangsu.gov.cn/col/col57489/index.html
9	安徽	安徽公共招聘网	http://www.ahggzp.gov.cn
10	福建	福建省公共就业服务网	http://220.160.52.235:81
11	江西	江西人才人事网	http://www.jxrcw.com
11	江西	江西人力资源网	http://www.jxsrl.com
12	河南	中国中原人才网	http://www.zyrc.com.cn
12	河南	河南就业网	http://www.jiuye.gov.cn
13	山东	山东公共招聘网	http://ggzp.hrss.shandong.gov.cn
14	湖北	湖北公共招聘网	http://www.hbggzp.cn
15	湖南	湖南人才网	http://www.hnrcsc.com
16	广东	广东就业	http://hrss.gd.gov.cn/jyzl/index.html
17	广西	淘就业	rst.gxzf.gov.cn（首页查找"淘就业",点击进入）
17	广西	广西人才网	http://www.gxrc.com
18	海南	海南省公共招聘网	http://zhaopin.hainan.gov.cn
19	重庆	重庆就业	http://ggfw.rlsbj.cq.gov.cn/cqjy/
19	重庆	重庆人才网	http://www.cqrc.net
20	四川	四川公共招聘网	http://www.sc91.org.cn
21	贵州	贵州公共招聘网	http://gzggzpw.gzsrs.cn
21	贵州	贵州人才信息网	http://www.gzrc.com.cn

续 表

序 号	范 围	网 站	网 址
22	云南	云南公共就业服务网	http://jyj.yn.gov.cn
23	西藏	西藏公共就业招聘网	www.xzggjyzpw.com
24	陕西	陕西公共招聘网	www.snjob.gov.cn
25	甘肃	甘肃人才网	www.gszhaopin.com
26	青海	青海人才市场网	www.qhrcsc.com
27	宁夏	宁夏公共招聘网	www.nxjob.cn
28	新疆	新疆公共就业服务网	www.xjggjy.com
29	新疆生产建设兵团	新疆生产建设兵团公共就业服务网	http://jyfw.xjbt.gov.cn

特别要提醒退役军人的是,为防止某些搜索网站可能会提供错误链接,最好输入上述网址链接,直接进入相关网站。

2. 功能

(1)多渠道发布和精准推送就业扶持政策、公共就业和人才服务机构、招聘岗位、招聘会、职业培训、就业见习、市场供求状况、工资指导价位等就业信息。

(2)实时查询就业扶持政策的网上申请、网上审核以及办理进度和办理结果。

(3)开展在线政策咨询、职业指导、视频招聘、职业培训、创业辅导等项服务。

目前,相关业务都能实现网上办理、查询。浙江省退役军人还能享受各地推出的"一件事"便利服务,最多跑一次甚至根本不用跑。

二、使用方法与技巧

1. 网站选择

根据自己的实际情况,如期望城市、行业等,选择合适的人才招聘网站。可以访问各地的网站,里面会有很多当地的招聘信息,准确率高,更新也比全国性的网站快。也可以访问行业网站,里面的招聘信息更加细致、丰富。

2. 明确职位

在人才招聘网站中,通过对职位描述的关键词搜索,找到与职位相似的招聘职位。网站大多有多种排序功能,可以按照薪酬高低、发布时间、相关度等排序,提高搜索效率。

3. 标题清楚

求职邮件的标题尽量按照招聘单位在招聘广告上声明的要求去做,最好标注上应聘职位和姓名,这样便于招聘单位的初步筛选。

4. 邮箱正确

首先,在给招聘单位发送简历的时候,要用自己的私人邮箱,切勿用公司的信箱。其次,选择稳定性、可靠性高的邮箱。

5. 选好申请渠道

求职时,到底是在网站上直接点击"申请该职位",还是另行将自己的简历发送至招聘广告上公布的邮箱呢?

建议是:如果在该网站已建立了最新的与该职位非常匹配的简历,那么不妨点击"申请该职位"。好处是简历通过该网站发送,有"特快专递"的效果,招聘单位能及时收到你的简历,而不会当作垃圾邮件删除,而且对应聘的职位一目了然。

如果没有,不如另行发送。好处是可以根据招聘岗位的具体要求,将简历准备得更有针对性,获得面试机会的概率也更高。

6. 刷新简历

一般来说,当招聘单位搜索人才时,符合条件的简历是按刷新的时间顺序排列的。因此求职者没事的时候,最好多刷新几次简历。

刷新以后,排在前面的可能性增加,更容易被招聘单位看到,以便获得更多面试机会。

三、注意事项

1. 不要登录非正规的网站

一般来说,正规网站上的招聘信息比较可靠,求职者应尽量在正规的就业服务信息平台寻找满意的职位。

2. 发送资料要慎重

不要向任何网上"雇主"发送自己的某些个人重要资料,例如身份证号码、信用卡号。

3. 不要盲目地发送自己的简历

自己要有准确的定位,否则接下来的面试会让你应接不暇。

4. 要"一对一"

不要同时应聘同一单位的数个不同岗位,因为容易给招聘单位留下随意的不良印象。

5. 不要以附件的形式来发送求职简历

因某些招聘单位的电脑无法打开附件,或者有时候附件会感染病毒,招聘单位也不会打开,所以最好按照招聘单位要求发送,或可以选择纯文本格式发送。

6. 不要以频繁发送简历

这种行为很可能引起招聘单位的反感,从而过滤掉你的邮件。

7. 不要忽视已经发送的简历

最好对发出的简历做一份跟踪档案,分类并随时关注它的进展。

8. 不要因为没有回音而过分焦虑

一定要保持平和的心态,这样才能更好地把握机会。

参考文献

[1] 陈玉民,吕清华,崔月娟.职业生涯规划与就业指导[M].长春:吉林人民出版社,2016.

[2] 舒红群,舒星.大学生职业生涯规划与就业指导[M].北京:北京理工大学出版社,2015.

[3] 寇宝明.大学生职业生涯规划:就业指导与创新创业篇[M].北京:北京理工大学出版社,2016.

[4] 赵军合.大学生职业生涯规划与就业创业指导[M].石家庄:河北人民出版社,2016.

[5] 张强,李静怡.职业生涯规划与就业创业指导[M].重庆:重庆大学出版社,2017.

[6] 肖凤翔,马钰.对退役军人职业技能培训项目选择指导的思考[J].教育与职业,2020(5):21-27.

[7] 崔成,王艳涛.新时代退役军人人力资源开发与管理研究[J].行政管理改革,2019(7):110-115.

[8] 于京天,郭静.加强部际协同系统开展退役军人教育培训:国际经验与本土思考[J].中国职业技术教育,2018(22):38-43.

推荐阅读书目

1. 李明,《明哥聊求职》,电子工业出版社,2017年
2. 官宇,《这样求职就对了:用猎头思维找到好工作》,北京时代华文书局,2018年
3. 吴晋慧,《求职突围》,台海出版社,2018年

思考与练习

1. 建立一个关于你求职的资料信息库,在电脑上建立一个"资料信息库"文件夹,再按照"招聘单位信息""行业市场情况""求职攻略""面试技巧"等建立下一级文件夹,把收集到的求职信息分门别类进行整理存储。同时可以做一张表格以方便快速查询。

2. 观看B站上的面试技巧类视频,看看哪个UP主的视频对你最有帮助。可以和朋友一起观看、讨论。

3. 找经验丰富的朋友或专业人士,对你进行一场面试的模拟演练。建议录音或者录视频,便于反复查找问题和改进。

第七章

退役军人创业

引 言

周末傍晚,毕俊营和丁新成约在一家烧烤店"撸串儿"。

啤酒端上来,丁新成举起杯子祝贺毕俊营:"兄弟你找工作进展神速啊!已经有3家愿意录用啦?尤其是那家跨境电商运营的公司……"

毕俊营和他碰了一下杯,咕咚了一大口之后,酣畅淋漓地长舒了一口气,抚摸着杯子嘟囔了起来:"我也觉得不错,对得起那几个月的准备。不过有个高中同学盘了个商铺,准备开文具店,拉我入伙。他说我只要入股,他不在店里的时候帮忙照看一下就行。我还是有点心动……"

毕俊营把已经送到嘴边的肉串儿放回盘子里,问道:"难道你没想过当老板?咱们浙江人,不是基因里就带着这爱好吗?"

丁新成自嘲地咬下一大口肉,含混不清地回答:"梦想总是要有的嘛!不过也就是在梦里想想了。"他放下签子,若有所思地盯着毕俊营:"你不会是想成为第二个马爸爸吧?"

毕俊营吓得连连摆手:"还马爸爸嘞,我连驴妈妈都没想过呢!只是觉得老板多爽啊,大把赚钱,还能指挥很多人,比我们连长还威风!"

正好店老板过来收盘子,听到这句话直接问他:"要不,我这店兑给你?"

丁新成和毕俊营几乎异口同声:"这店生意这么好,你真心舍得?"

老板苦笑着回答:"这生意很熬人呀!晚上一两点钟收摊,最晚早上九点就得起来进货,做各种准备,连对象都没空谈……"

丁新成接过话头:"这就是北京人常说的,光看见贼吃肉,没看见贼挨揍。"看看自己手里的烤肉,他又笑了起来:"我这吃肉的样子,像不像贼?"

老板收好盘子边走边笑:"曾经的兵哥哥,谁敢揍呀?"

等老板走远,丁新成正色告诉毕俊营:"听老板这一说,应该知道创业多辛苦吧?创业当老板当然是好事,不过咱的钱也不是风刮来的,还是先全面分析一下为好。是不是那块料,要做的项目好不好,都得慎重点啊……"

退役军人职业起步

第一节 创业环境及趋势

正如引言所强调的,创业之前必须认真深入地分析创业环境,提高创业成功率。对西湖区755名退役军人的调查显示,接近60%的退役军人看好创业环境,相信有利于创业成功,其中超过1/4的人信心很强。值得注意的是,也有40%的退役军人认为创业环境不理想,甚至有大约16%的退役军人偏悲观。无论如何,学会分析创业环境都是非常必要的,因为退役军人有很多机会直接参与或间接投资创业项目,相关知识对他们而言堪称刚需。具体数据如表7-1所示。

表7-1 西湖区退役军人对创业环境的看法

选项	人数	比例
A 非常好,创业成功可能性大	191	25.30%
B 比较好,有利于创业成功	258	34.17%
C 一般,创业困难很多	184	24.37%
D 较差,创业很难成功	122	16.16%

一、创业环境分析

创业过程中资金、精力等方面的综合投入,要远远超过就业,因此需要更加全面地分析环境中的各方面条件,谋定而后动,否则很可能兵败如山倒。

创业环境,是指对创业活动有影响的外部因素的集合,主要包括宏观环境、行业环境和微观环境。一般而言,第一章中的环境分析方法和结论适用于创业环境,但创业环境也有需要特别关注和强调的内容。

1. 创业的宏观环境

就创业的宏观环境而言,有三个方面需要着重说明:

(1)退役军人创业拥有极佳的政策环境

对西湖区755名退役军人的调查显示,超过56%的退役军人对相关政策持肯定态度,认为政策对创业有实质性的帮助,其中超过21%的人认为帮助很大。值得注意的是,将近44%的退役军人认为政策帮助不大或不了解。这说明,有必要向退役军人进一步解释和说明相关政策。具体数据如表7-2所示。

表7-2　西湖区退役军人对创业政策的看法

选　项	人　数	比　例
A 政策可行,帮助很大	163	21.59%
B 政策较可行,有一定帮助	265	35.10%
C 政策较少考虑到实际情况,帮助不大	174	23.05%
D 不了解这些政策	153	20.26%

自2015年6月《国务院关于大力推进大众创业万众创新若干政策措施的意见》公布以来,各地陆续出台多项政策鼓励创业。对于退役军人自主创业,政府还出台了多项专门政策(参见第一章第三节的创业政策)。简要总结一下,各级政府对于退役军人自主创业的优惠政策有以下五个特点:

一是内容更全面,包括税收优惠、贷款补贴等方面内容。比如,杭州市政府也出台了与提供专项人才创业公寓相关的政策,以解决外地人才来杭创业的政策性租赁用房问题。符合条件的外地退役军人也可申请。

二是力度更大。比如,浙江省的优惠政策普遍优于国家政策,既显示了浙江政府对于创业的支持,也显示了浙江政府的实力。例如,对软件等技术创新企业的税收优惠力度,浙江政府处于全国领先地位。

三是覆盖更广泛。不仅面向当年的退役军人,而且退役几年的军人也包含在内,甚至随军家属也能享受政策。

四是方式更多样。以浙江省为例,政府除了很多优惠政策,还有政府项目支持、科技园、创业园和孵化器为创业者和创业企业提供服务、支持和帮助;并且推出多种举措,例如遴选并成立退役军人就业创业导师团,举办浙江退役军人就业创业分享会,举办浙江退役军人就业创业成果展,打造专门的军创空间等。这些举措,力求把退役军人服役期间锤炼的品质转化为就业创业的优势,降低创业失败风险,减少退役军人创业者负担。多年实践证明,成效显著。

五是办理更便捷。比如,浙江省"最多跑一次"改革深入推进,在"浙里办"APP中就能完成所有操作,极大地节省了时间和精力。

(2)经济环境为创业奠定了优越的基础

国内基础设施等硬件环境在不断改善,很多国内发达地区的硬件条件已经跻身世界前列,让来自发达国家的商人也连竖大拇指惊呼"了不起",中国速度也让全世界赞叹不已。

软件方面，政府对企业的服务意识在不断提高，市场体系的建设日益完备，企业和个人诚信体系日益增强，对知识产权等合法权利的法律保护在日益改善。

最难得的是，国内很多实力雄厚的资本，对优秀创业项目和人才非常渴求，为创业者提供了成长的广阔空间。

(3) 社会文化更加鼓励创业

人们敬佩创业取得成功的人，上市敲钟成为许多人的梦想；同时对失败也更加宽容，不再"成则王侯败则寇"，甚至很多愿意优先录取创业失败的人，因为他们更加努力、经验更加丰富。

越来越鼓励创造和创新的精神，产品、服务不断推陈出新。尤其在移动互联网领域，很多企业和产品已经领先世界，连美国硅谷也要过来取经，甚至有"从中国抄作业也能在美国成功"的说法。

2. 创业的行业环境

除了宏观环境，创业还要非常关注行业环境。行业环境，是指对行业整体发展状况有影响的因素，包括行业的生命周期阶段、行业的需求及竞争状况、行业主导技术的发展趋势及行业的发展趋势等。

为了更好更快掌握行业趋势，推荐阅读专业的行业报告。行业报告时效性强，能帮创业者把握行业最新的整体状况，对照行业领先企业找出差距，正确评估自身在行业中的竞争力，了解产品、客户痛点、消费习惯、主要企业的市场份额、商业模式等重要变量，公司战略、产品方向、市场策略、产品设计、广告定价、投资项目……以适应行业发展趋势，降低失败风险。

一般情况下，行业报告需要购买，而很多高校图书馆会购买权威的行业报告，供学生免费阅读。因此，退役军人一定要充分利用高校图书馆资源，形成对行业的深度理解，掌握市场动向，更加准确地找到市场的空白点，抓住市场的"红利期"。

3. 创业的微观环境

创业的微观环境，是指对企业自身产生直接影响的因素，包括顾客特点、竞争者状况、竞争方式、营销渠道等。创业的微观环境需要根据创业项目的具体情况进行详细分析，诸多要素与第二节中的创业项目分析类似，在此不再详细展开。

分析的简便方法是在行业报告提供的数据、趋势等内容基础上，选择身边属于目标行业中的某个企业，比如餐饮行业的面馆，深入观察和验证其客流量、毛利率等创业关键点，对创业的微观环境的分析也能八九不离十。

因此，毕俊营完全可以放心：浙江省的创业环境，当之无愧处于国内领先地位，其为创业者提供的是"海阔凭鱼跃，天高任鸟飞"的广阔环境。如果他创业，只需将精力集中在如何发现和做好项目上即可。

二、建议重点创业行业

要想创业成功,选择前景光明的行业是前提。对西湖区755名退役军人的调查显示,超过70%的退役军人对热门创业领域了解并愿意尝试,说明他们信息灵通,也有足够的勇气。不过,也有将近30%的退役军人对热门创业领域不感兴趣。具体数据如表7-3所示。

表7-3 西湖区退役军人对热门创业领域的看法

选项	人数	比例
A 比较了解,愿意尝试	220	29.14%
B 听说过,有好机会可以尝试	316	41.85%
C 听说过,不感兴趣	86	11.39%
D 没听说过,或者不关心这事	133	17.62%

1. 建议创业方向

当前世界范围内,大部分行业的物质产品总体供大于求,客户更加注重个性化、实时化、精准化和定制化。在这些大趋势的共同驱动下,对于退役军人创业而言,主要是两大方向:

一是从第一章第一节中选取前景光明的行业,为其中发展势头好的企业提供配套产品和服务,这往往需要退役军人具备牢固的资源基础,比如家庭从事相关行业的人脉、技术、资金等。

如果不具备这样的资源基础,最好优先选择第二种行业——居民服务业,也就是老百姓日常生活离不开的服务业。

原因在于以下六点,如图7-1所示。

一是行业容量大,可以容纳足够多的企业。这些行业主要依靠人工服务,很难大规模供应,很难形成大范围垄断。比如某家餐厅的海鲜做得再好,也就是附近3千米的居民来用餐,外卖的辐射范围也很难超过20千米。而安装门窗、家庭装修、保洁、特长培训班、补课班、水电维修等,更是讲究小规模、灵活性,不可能由几家大企业包打天下,给大量小微企业留下了巨大的生存空间。

二是受经济形势影响较小。虽然发大财比较难,但衣食住行、美容美发这一类老百姓必需的基础服务行业,不管宏观经济状况如何,生活都少不了。以江浙粤等发达地区的地级市为代表的三线城市,居民服务业特别发达,例如社区餐饮、兴趣培训班等。原因在于,居民收入高,可支配收入高,生活质量要求高。这些都为相关服务业提供了极佳的需求和经济支撑。

三是适合全家一起干。如果双方家长身体不错,也愿意出点力气,再加上小夫妻,六个人就是战斗力强大的团队。有人负责带孩子和做家务活,有人负责经营,再找个小工,处理大多数业务绰绰有余。

四是收入较高。咨询过开面馆的亲戚,每天流水1000元的"夫妻店",纯利润达到50%。上述全家齐上阵的业务,一年下来,有几十万元的收入不难。加上每季度分红,大家都会很开心。

五是方式更灵活。比如餐饮行业中,可以不开店,而是充分利用朋友圈,直接用家庭厨房或社区售卖即可。有位喜欢烘焙的邻居,做的蛋黄酥先是得到了本单元的热爱和推荐,然后扩展到小区,最后拓展到了相邻社区。现在她自己全职在家,仅此一项收入比上班的老公还要高,孩子也可以照顾得很好。

六是省心。居民服务业中,业务大都是现金支付,甚至预付,基本不需要催收余款。而如果做商业客户类的,"三角债"不仅吃光利润,还会把人折腾得筋疲力尽。

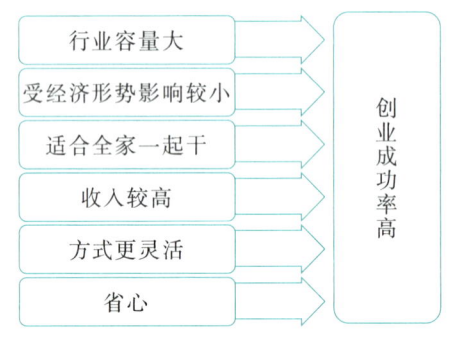

图7-1 居民服务业优点

2. 具体项目

选择标准是非常简单的两条:

一是居民接受度高,日常生活刚需,最好每天都要用到。

二是自己有竞争力的项目。这种竞争力,根本不必全国领先,只要能有个够高的门槛即可。标准非常简单,但别人要想学会这个技术,要折腾一年以上,这样至少保证一般人不会来抢市场了。

除核心技术外,还包括商业流程、行业小秘密等,能够形成较高进入门槛的。一般可能需要拜个老师傅引路指点一下,或者由父母亲戚带入门。

主要推荐以下四种,如图7-2所示。

```
┌─────────┐  ┌─────────┐
│复制大城 │  │儿童特长 │
│市项目   │  │培训     │
└─────────┘  └─────────┘

┌─────────┐  ┌─────────┐
│ 晚托班  │  │ 早餐店  │
└─────────┘  └─────────┘
```

图 7-2　退役军人创业推荐项目

一是复制大城市项目。

即使是小县城,尤其是江浙发达地区的县城,也和大城市的各种业态越来越接近了。有法律顾问专门研究继承官司和股权官司,一年收入二三十万元。因为现在这些小县城的土豪家庭越来越多,需要解决的各种事情和大城市都一样了。做生意也有股权分配纠纷,继承官司比比皆是。这说明小县城中高收入群体想要的服务和京沪广深越来越接近了。此外,这些县城的奥数和芭蕾舞兴趣班也能长久营业。

退役军人可以结合自己的专业和特长,回小县城看看有哪些京沪广深等一线城市的业务可以移植过来,补个漏,假以时日,收入不会低的。

二是儿童特长培训。

如果观察一下会发现,各小区内部和沿街的底商,以及商业综合体的商铺、写字楼里,都是各种教育机构,包括早教、全脑记忆、体能训练和托管班等。这一方面说明需求旺盛,另一方面也说明利润丰厚,否则怎么付得起昂贵的租金。

朋友的孩子,小学一年级去学游泳,找了个被淘汰下来的奥运选手当老师,一对一,每节课 200 元,一个暑假花费四五千元。这个老师一个暑假至少教了 60 个孩子,收入超过 30 万元。

三是晚托班。

随着二胎开放,学龄儿童数量剧增,而很多父母没有精力按时接孩子和辅导孩子做家庭作业。学龄儿童晚托班,是个低投入、高回报、适合退役军人创业的好项目。如果家在学校附近,更是具备了得天独厚的优势。

四是早餐店。

越来越多人开始关心健康问题,粗粮面点和现磨豆浆成为大家偏爱的早餐食品。如果选择位于十字路口、公交车站附近、写字楼下或者居民楼聚集区等人流量大的地方经营早餐,种类稍微丰富一些,生意大多兴旺。

一个小型的早餐店投资金额在五万元以内,而且年轻人可以发挥创新思维,运用一些社交平台进行推广和传播,生意兴隆更有保障。

如果毕俊营打算创业,就潜心研究一下与老百姓息息相关的生活服务业。不必想着进福布斯排行榜,只要能找到一个风口和自己的强项,争取做成区域性小品牌,例如本城的前五名,就足以过上幸福生活。

三、创业"八戒"

在对去年退役军人的访谈中,有一位专业军士说:"对于一年以后的状态嘛,也就基本上考虑保持原状吧,三五年以后嘛,可能会选择自己创业。"也有一位义务兵表示:"希望进派出所找个稳定工作。没有这个经济条件,对创业或投资完全不考虑。"这说明他们普遍对创业持谨慎态度。

创业本来就是高风险的事情,有很多必须要特别注意避开的大坑。根据多年观察和总结,退役军人尤其要注意八种"雷区",可以形象地称为"八戒",如图7-3所示。

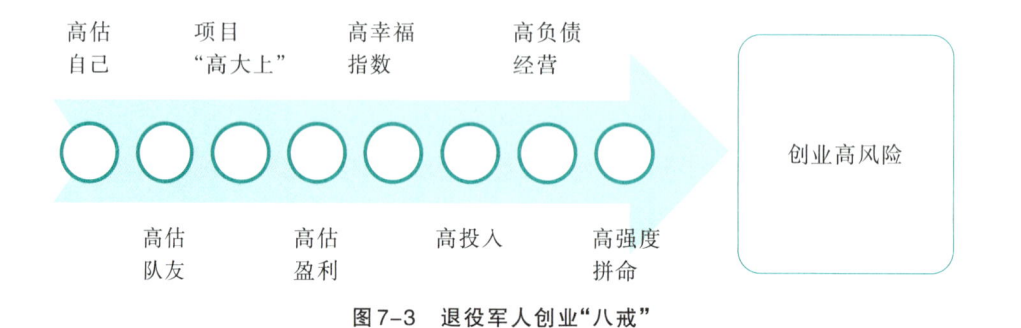

图7-3 退役军人创业"八戒"

一戒高估自己。

首先,创业需要丰富的经验和资源。大多数退役军人市场竞争经验不足,会把自己的项目想得很美好,把自己想得太强大了,把客户想得太完美了。实际上,经营过程中任何一个环节的细节把握不好,都有可能造成很大的损失。因此,试错成本非常高。如果没有足够的资本、经验和客户的退役军人,创业更要谨慎。

其次,创业需要很强的心理素质和风险承受力。现在很多90后退役军人从小生活条件较好,基本上没有遇到过多少挫折和困难。即使有能力有激情、拼起来不要命,在各种各样的困难和挑战面前,也未必能够长期承受巨大的经济和心理压力。

二戒高估队友。

首先,不能高估队友的专业水准,即使专业水准高也不能保证创业成功。有的合伙人技术水平虽高,但未必真正了解行业机密,以为只靠产品就能在市场竞争中无往不胜,或者认为生意很好做,利润也高,或者以为在行业内摸爬滚打多年,没什么自己搞不定的,却不知道企业经营如同在大海开船,任何一个漏洞都有可能带来灭顶之灾。2019年这种例子很多——许多高手团队,带着金光闪闪的履历和资源去创业,结果亏光了。

衬衣私人订制?父亲的朋友在一家门店中从事打版设计,自认为是核心技术骨干,带上退役军人一起创业,本来准备要成为衬衣私人订制的旗舰,结果发现营销和原材料等许多环节很难控制。不到一年亏损了将近10万元,看不到很大的希望,退出又不甘心,在纠结、埋怨和担忧中苦不堪言。

其次,有的合伙人人品较差。比如不愿合作,一点小亏也不肯吃;或者贪小便宜,时常在心里打起小算盘。和这样的队友一起创业,困难时意见不一致会争吵,亏钱时互相埋怨,赚钱后分配不如意也会闹崩。

不要说好朋友一起创业可能要翻脸,很多亲兄弟也无法幸免。网友@扭转乾坤72以自己为例说:我哥创业的时候我帮他干了十几年,给我工资每月只有几百块。九几年的时候,我不想干了,我哥跟我说现在困难离不开我,等以后有钱了给我什么什么的。结果他干到千万身家把我踢了,空头支票一个没兑现,还把责任推到"你嫂子太泼辣"上。

三戒项目"高大上"。

电子烟、共享充电宝、自动售货机、人工智能、区块链,这些年好多听起来牛气冲天的名词和项目,到处找人投钱一起干,或者招省级总代理。最后无一例外露馅,只是想割韭菜而已。不如真正接点地气,做些上述居民服务业中的项目,起码温饱不愁。

杭州有两个活生生的例子。一个是企业高管的儿子,不愿意去老爸安排的公司从基层做起,而是跑到杭州下沙去创业。他看了一大圈热门的项目,跟风办了个机器人编程培训学校。可惜他自己对专业和学校运营都是一知半解,请来的老师滥竽充数还三天两头辞职,现在已经把老爸给他买的那套每平方米单价5万元的婚房填进去了。

另一个更加有名。2019年杭州公开拍卖的顶级豪宅武林壹号单元2901室,是一套顶楼跃层,建筑面积720平方米。主人在他买这套房子的那一年,投身租车行业创业,想成为新能源车领域的"滴滴",野心从名字上就能看出来:快步,快车+优步。从身家10亿元到倾家荡产,只用了2年时间。

四戒高估盈利。

现在创业成本越来越高,即使账面毛利喜人,最终的真正盈利也未必剩下很多。从企业内部看,当了老板,尤其是制造业老板,设备、厂房、宿舍、工艺、市场、财务、人员管理、质量控制、安全生产……真的是千头万绪,一个环节出错搞不好就把利润全部倒贴。餐饮是公认的高毛利行业,一盘炒青菜,成本几毛钱,但是至少要卖十八元。算上场地租金、装修、人工等,老板起早贪黑还有可能亏了。甚至利润可能不如员工收入高,反转成了老板在给员工打工。

现在打工，一个月没有四五千元到手，谁愿意干活？最怕的是员工出一个重大工伤，几年的利润全都用于赔偿也未必够用。

从企业外部看，竞争对手的价格战，客户可能拖欠货款尾款最后不了了之，供货商拖款、拖进度……种种因素交织在一起，很多老板感觉进账是涓涓细流，而支出却是滔滔洪水。

五戒高幸福指数。

有些年轻气盛的人，一讲到创业、开店，就脑补出电视剧中的美好场面，比如衣着光鲜地坐在总裁办公室指点江山，流着口水幻想登上人生巅峰之后的豪迈……也有些人把创业当游戏。比如一对小夫妻本来出差考察项目，学习怎样用最新技术创业的，但到了培训点，大部分时间用在晚上找好玩的地方消费，白天学技术时却哈欠连天。潇洒走了一回，最后结局可想而知。

其实真创业的人，哪有什么高幸福指数可言？很多老板初创时期，样样都要亲力亲为，每天早上5点不到就要起床进货，白天要干活、跑订单、拜访客户和供应商，晚上还要盘点库存、分析数据，甚至半夜老板还在亲自送货。业内经常调侃："一入创业深似海，从此休假是路人。""创业的人，千万别把自己当人看。"

六戒高投入，尤其是初期的高投入。

估算初期投入时，一个通用的方法是，把所有能想到的花费全部算进去，再乘以3。原因非常简单，很多想不到的地方要花钱、交钱，投入总是比想象的多。如果不准备好上述数额的资金，创业时可能装修都会成为烂尾工程。有位朋友在某商场开西餐厅，本来以为投入20万元就能开业，结果各种证件办好，装修刚开始就用完了。另外追加了42万元，才正式营业。

七戒高负债经营。

创业资金，最好用家里三年内用不着的钱，甚至亏了也不影响家庭生活质量。这样的话，心态相对稳定，不会因为财务方面的焦虑降低判断力，做出错误决策。最忌讳高息贷款创业，即使有利润也未必够还利息。万一产品不畅销或者积压，只见钱哗哗地流出，却不见有几个钢镚儿进来，每天一睁眼就想着怎么还很多钱，创业者无论心理还是身体，都会很快崩溃。

八戒高强度拼命。

虽然退役军人身体素质要比一般年轻人强很多，但创业是一场马拉松，如果不注意保持好工作节奏和生活质量，身体往往会在意志之前垮下。有位朋友是退役坦克兵，看上去比职业铅球运动员还强壮。他选择创业开火锅店，前3年自己没日没夜地奔波，钱是赚到了，但胃出血住院两次，35岁的人看着比55岁的人还要沧桑。最后只好招聘管理团队帮忙，才慢慢恢复健康，现在特别注重养生，口头禅是"钱是别人的，身体才是自己的"。

第二节 创业素质与能力

创业素质和能力是创业者的内在条件,也是创业成功的保证。对西湖区755名退役军人的调查显示,20.79%的退役军人对自己的素质和能力非常自信,准备"找到机会就尝试",有点跃跃欲试;超过42%的人相对谨慎,只在"风险很低的机会可以尝试",有"不见兔子不撒鹰"的味道。值得注意的是,将近36%的退役军人创业的愿望较低。具体数据如表7-4所示。

表7-4 西湖区退役军人对创业素质和能力的看法

选项	小计	比例
A 高,找到机会就尝试	157	20.79%
B 一般,风险很低的机会可以尝试	323	42.78%
C 较差,暂时不想尝试	177	23.44%
D 不了解,或者不会尝试	98	12.98%

一、创业素质

创业素质是个体在创业活动中表现出来的内在特征,包括创业兴趣、创业理想、创业信念等。

其中,创业兴趣是对从事创业实践时表现出来的积极情感和态度定向;创业理想是个体对创业目标的持久向往和追求;创业信念是个体在创业实践中对创业活动坚信不疑、坚守到底、不畏艰难的心理倾向。创业信念的形成是创业者创业精神的集中体现,同时也是创业意识结构中最核心和最关键的要素。

具体而言,主要包括以下六种素质,可以称之为"六脉神剑",如图7-4所示。

信念坚定

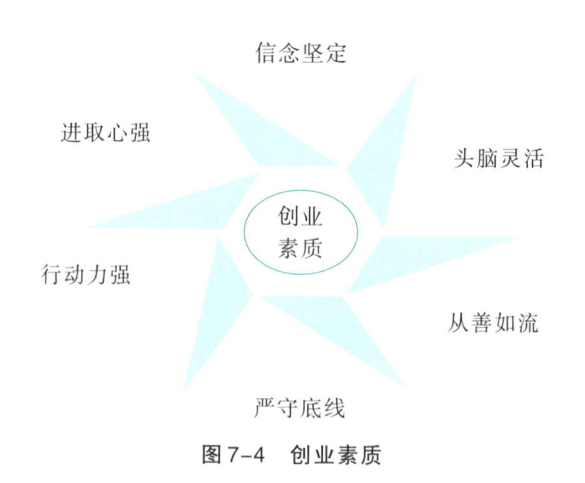

进取心强　　　　　头脑灵活

创业
素质

行动力强　　　　　从善如流

严守底线

图 7-4　创业素质

1. 信念坚定

对自己和未来充满信心,即使遇到很多挫折也不气馁,而是从哪里跌倒就从哪里爬起来,甚至越挫越勇。即使在山穷水尽时,也会在半夜和睡梦中去想如何攻克难关,在早上醒来后也在积极想解决办法。

2. 进取心强

不安于现状,既不会小富即安,也不会在取得成就后自鸣得意、花天酒地。而是始终保持勤奋和积极,面对成功和胜利不沾沾自喜、得意忘形地到处炫富。

3. 行动力强

善于把握时机,干净利落,不拖泥带水;一旦有赚钱的念头或者发现机会,就马上行动;敢于碰钉子,善于磨细节,抓住小的机会做成大的事业。

4. 头脑灵活

眼光独到,善于发现别人忽略的机会。喜欢开动脑筋,善于打破常规方式解决难题,出奇制胜。

5. 从善如流

能够采纳合理的建议,即使与自己最初的想法不同,也能虚心接受、及时调整策略。

6. 严守底线

创业就像开车,新手喜欢开很快,但越是老司机,开得越谨慎,有时候宁愿绕路也不走捷径,不在危险边缘试探。

关于创业素质,一个简单的判断方法是:适合创业的人,一般很早就"小荷勇露尖尖角",在大学期间甚至高中的时候,就亲自参与或主导过商业行为活动(比如销售商品,或者提供周围人需要的服务)。并且最重要的是,他们赚到了钱。

如果这两个阶段都没有任何类似的成功纪录,基本证明缺乏创业意愿或能力,创业要特别慎重。它需要的是团队作战,而不是单打独斗。

二、创业能力

由于创业具有高度复杂性,因此需要创业者具备很强的综合能力。这些综合能力中,既要有明显的强项,也不能有明显的弱项。如果个人能力不足,就需要以团队的方式弥补。否则就相当于开着有故障的小船出海,很可能没等到台风就已经散架了。

具体而言,主要包括以下十种能力,可以称之为"十项全能",如图7-5所示。

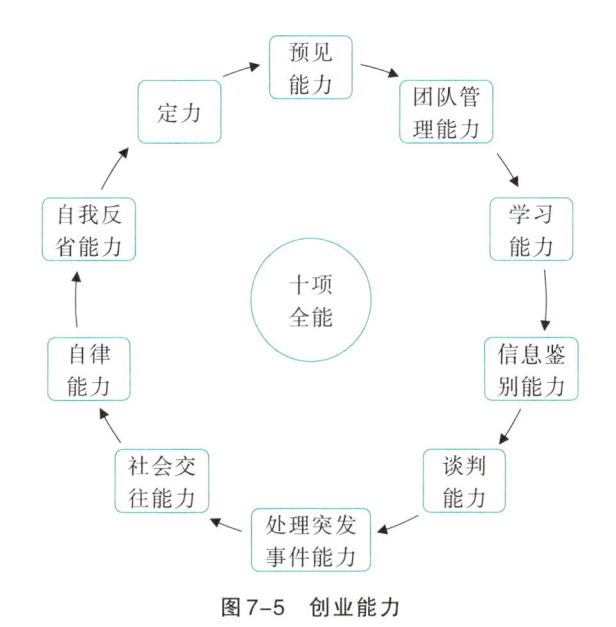

图7-5 创业能力

1. 预见能力

创业需要一定的预见能力,也就是商业敏感度。这大部分来自天赋,但也可以培养。所谓商业敏感度,就是看到一个项目,对于谁可能成为主要客户、怎样提高产品吸引力这些关键点,心里大致有数。有些一看就违背商业基本法则的,也要有一眼看透的能力,并一票否决。

如果要培养,可以以这种方式:去个小店小厂打工,用心去研究怎么做好这个店,开好这个厂。这才是真正的门道。仔仔细细观察你能够接触到的老板和管理人员,看看他们是怎么运作的。花三个月,基本就可以想明白。

2. 团队管理能力

创业者需要召集合适的人,根据各自特长和特点做好分工;针对自己团队实际情况建立各种有效的管理制度,包括店员管理与培训、绩效考核等。同时,针对市场的不断发展变化而改进相应制度。

为了带好团队,除了制度,更需要很强的领导组织能力、协调沟通能力,让团队保持进取、团结的氛围。

3. 学习能力

市场竞争日益激烈,无论企业还是个人要想生存和发展,都必须比竞争对手更快地掌握更多的知识,并合理运用到实践中,建立和保持竞争优势。

创业知识主要涉及经营管理、法律、工商、税收、保险等知识以及其他社会综合知识,只有不断地学习才能使自己处于不败之地。对于退役军人创业者而言,除了书本的理论知识,更要重视学习那些在实战中检验过的知识。

4. 信息鉴别能力

创业者每天都会通过不同渠道接触各种信息,比如竞争对手又降价了,行业又有新政策,等等。如何从大量的信息里筛选与自己相关的,再从中找到真正有效的,进而做出正确的决策,是对创业者时时刻刻的考验。

5. 谈判能力

面对管理部门、供应商和客户等诸多利益相关者,创业者都需要有较高的谈判能力,获得主动,争取更多的利益。而谈判能力的基础,是较高的语言表达能力、心理分析能力、人文素养等,需要长期积累。

6. 处理突发事件能力

常言道:"好事不出门,坏事传千里。"在人人都能成为新闻发布者的移动互联时代,任何一件突发的事件,甚至一个差评,如果掉以轻心,都可能会使自己的企业和品牌形象一落千丈,甚至遭遇灭顶之灾。

因此创业者需要平时做好预案,拥有丰富的媒体和人脉资源,遇到突发事件时能够从容不迫、化险为夷,甚至在事件妥善解决之后,得到客户更大的认同。

7. 社会交往能力

创业者要学会跟各种人打交道,为自己和企业尽可能创造更好的经营条件和发展空间。

对于资源万分宝贵的创业者而言,特别要注意的是,减少在无效人脉上的资源浪费,而把重点放在建立有效人脉上。有效人脉主要是两种:一种属于给予机会或者关键性支持;一种属于能够让创业者在交流和学习中不断认识到自己的不足,针对性地加以完善。

大多数退役军人特别重感情,往往在老乡、老同学的应酬上花费很多时间和精力。因此需要"拎得清",宁可表现得"冷漠"一点,甚至留下"冷血"的名声,也比因为面子而遭受各种直接间接损失强得多。

8. 自律能力

创业之初,完全处于一种自由的状态,没有人监督。很多人的感受是:工作一段时间,就打开手机,一会看看朋友圈,一会又刷刷短视频,不知不觉一天就过去了。

创业的时间是真正的"一寸光阴一寸金",因为无数竞争对手在拼命向前。为了避免浪费宝贵时间,要保持自己强大的定力,用目标约束自己的惰性。建议采用番茄工作法等方法,或者沙漏等工具,督促自己全力以赴。

9. 自我反省能力

创业者难免犯错误,遭遇挫折、碰上低潮都是常有的事。而自我反省能力能帮助创业者保持清醒,认识到自己所犯的错误,及时改正所犯的错误,不断向上攀登。

10. 定力

对于自己的创业项目,要牢记盯紧目标,必须耐得住寂寞。最忌讳跟风赶时髦,东一榔头西一棒子,没头苍蝇一般地折腾,因为资金和精力都不允许。

有位自主择业的军官,自恃补偿金高,又架不住家人总是幻想和唠叨赚快钱、换学区房,一会儿跟风要搞民宿,一会儿要搞鲜花配送,不出半年不但用光了补偿金,还把家里的积蓄都亏完了。

第三节 创业过程管理

创业项目无论大小,创业者都能按照以下七个步骤,将头脑中的想法转化为具体业务和项目,进而经营企业,让企业成长为造福一方的大型企业。

一、商机发现

商机的发现,主要分三种类型:

第一种是历史性机遇。一般是行业兴起,或颠覆性技术之初,比如淘宝、房产、快递、手机普及、游戏推广、移动互联网及相关行业等。

第二种是区域性机会。一般是相对成熟的产品转移,比如汽车、空调等原来在城市普及的中高端产品下乡。即使从事简单的维修、培训使用、售后服务,收入也可以在普通县城买一套房子。上文所述的从大城市复制到县城的各种服务,也属于本类型。

第三种是日常的发展。商机发掘并不神秘,也不需要多少天才的想象力。只要认真观察身边的人或环境,还有哪些需求没有得到很好的满足,就很可能找到潜力很大的商机。特别是那种大家迫切需要却偏偏没有得到充分满足的产品或服务,就是创业理论中被称为"客户痛点"的最有希望的商机。

比如疫情这个特殊时期中，全世界几十亿人需要口罩，那么与口罩生产、运输等各个环节相关的产品或服务，都是真切的痛点。日常生活中类似痛点也很多，例如为退役军人准备自我介绍的视频领域，虽然有很多机构能够提供标准化的制作，但很少能够真正满足退役军人需求，因为这些机构很难理解退役军人现状和心理，也很难打造符合他们特点的剧本和表现方式的视频。

二、创业项目转化

商机还处于设想阶段，下一步需要将商机转化为创业项目，也就是根据商机提供一种产品或服务。这是将设想变为现实的关键一步，必须要首先进行全面评估"是否值得转化"，否则很可能"理想很丰满，现实很骨感"，甚至竹篮打水一场空。

专业的创业项目分析方法很多，常用的有两种：

一种是杰弗里·蒂蒙斯（Jeffry Timmons）创业机会评价框架（共53项指标），主要包括八个方面：行业和市场、经济因素、收获条件、竞争优势、管理团队、致命缺陷问题、个人标准、理想与现实的战略差异。

另一种是刘常勇教授的创业机会评价框架。其中包括市场评价关注六大要素：具有市场定位，专注于具体顾客需求，能为顾客带来新的价值；依据波特的五力模型进行创业机会的市场结构评价；分析创业机会所面临市场的规模大小；评价创业机会的市场渗透力；预测可能取得的市场占有率；分析产品成本结构。另外还包括回报评价关注八大要素：税后利润至少高于5%，达到盈亏平衡的时间应该低于两年，投资回报率应高于25%，资本需求量较低，毛利率应该高于40%，能否创造新企业在市场上的战略价值，资本市场的活跃程度，退出和收获回报的难易程度。

上述两种创业项目分析方法，虽然能够做到详尽分析项目优劣和前景，但很多指标要么很难获取准确数据，要么需要较高的专业判断，因此适合资本和机构判断创业项目的投资价值。而对于大多数普通创业项目，这两种方法都不够实用。

对于退役军人而言，可以采用如下简化而实用的方法，通过打分的方法，判断某个创业项目是否值得参与：

1. 需求真实性的问题（每符合一项就加10分）

（1）属于"衣食住行交"及某种刚需；

（2）身边有很多人为某个问题烦恼；

（3）本产品能帮他们解决这个问题；

（4）能够描绘某些场景，用户会喜欢使用本产品；

（5）长期存在的传统产品，用户有购买需求或习惯。

2. 社会迫切性的问题（符合一项就加10分，最多20分）

是否较好缓解以下某个问题：

(1) 老龄化加速；

(2) 儿童设施和服务短缺；

(3) 性别比例失衡；

(4) 合适劳动力短缺；

(5) 环境生态保护；

(6) 婚姻关系；

(7) 健康；

(8) 安全。

3. 趋势符合性的问题（符合一项就加10分，最多20分）

是否符合以下某个趋势：

(1) 专门的国家政策鼓励；

(2) 乡村振兴战略、"一带一路"倡议等；

(3) 文旅融合、民族文化发展等国家产业方向；

(4) 客户消费习惯，如付费观看、宠物经济、P2P定制化、跨次元；

(5) 技术发展趋势，如5G等。

4. 价值突出性的问题（符合一项就加10分）

(1) 现有主流产品至少有一种明显缺点；

(2) 尚未发现其他类似的产品或功能；

(3) 相信本产品能让客户感受到明显改善；

(4) 如果你向身边人描述本产品的功能，他们表示期待甚至兴奋；

(5) 他们当中会有超过60%的人愿意试用本产品，甚至付费试用。

5. 用户针对性的问题（符合一项就加10分）

(1) 能够清晰描述首批天使用户的特征；

(2) 能够准确说明前1000个用户的共性。

6. 技术先进性的问题（符合一项就加5分，最多10分）

(1) 是AI、大数据、云计算、生物、材料高科技技术的应用或提升；

(2) 是上述技术的专利或IP拥有人；

(3) 所用技术是同类产品的必须条件。

7. 市场成长性的问题（符合一项就减5分）

(1) 有难以撼动的巨头；

(2) 竞争对手多而且手段低劣；

(3)一年之内很难获得10 000个用户;

(4)预计获客成本超过收入和投入资本;

(5)不了解行业的赚钱门道。

8. 资源匹配性的问题（符合一项就加5分,最多10分）

(1)你有某些资源;

(2)是你的兴趣或特长;

(3)提及本产品你就兴奋、激动;

(4)有人愿意和你一起做;

(5)有人愿意出钱帮你做出样品。

9. 环境风险性的问题（符合一项就减10分）

(1)违反法律法规政策;

(2)对手容易模仿;

(3)开发样品成本大于首批资金;

(4)获取1000个客户成本大于正常收益。

回答以上问题之后,可以计算一下项目的总得分。主要有三种可能:

1. 如果超过100分,可以继续探讨下一步的筹措资金等具体问题;

2. 如果低于60分,项目可以直接否决;

3. 如果介于60分和100分之间的,则检查项目的每个低分指标,查找原因,看看是否有改进方案。为所有低分指标找到改进方案之后,重新计算总分。如果超过100分,可以继续探讨如何进行项目,但也要更加谨慎,因为这些改进方案未必可靠;如果还是不能超过100分,建议否决为好。

下面的实例,可以帮助大家更好地理解这种打分方法。

某创业团队发现一个商机:很多年轻女性在外面活动时,会遇到突然来生理期的情况,此时急需有类似自动售货机的装置来帮助她们应急。因此,团队打算创业,开发这种装置。他们按照上述问题逐一打分,结果如图7-6所示。

分析之后,他们信心更足,全力研发推广。现在第一代产品已经问世,在杭州下沙某大学的教学楼中安装了5台,运行状况良好,实现收支平衡。

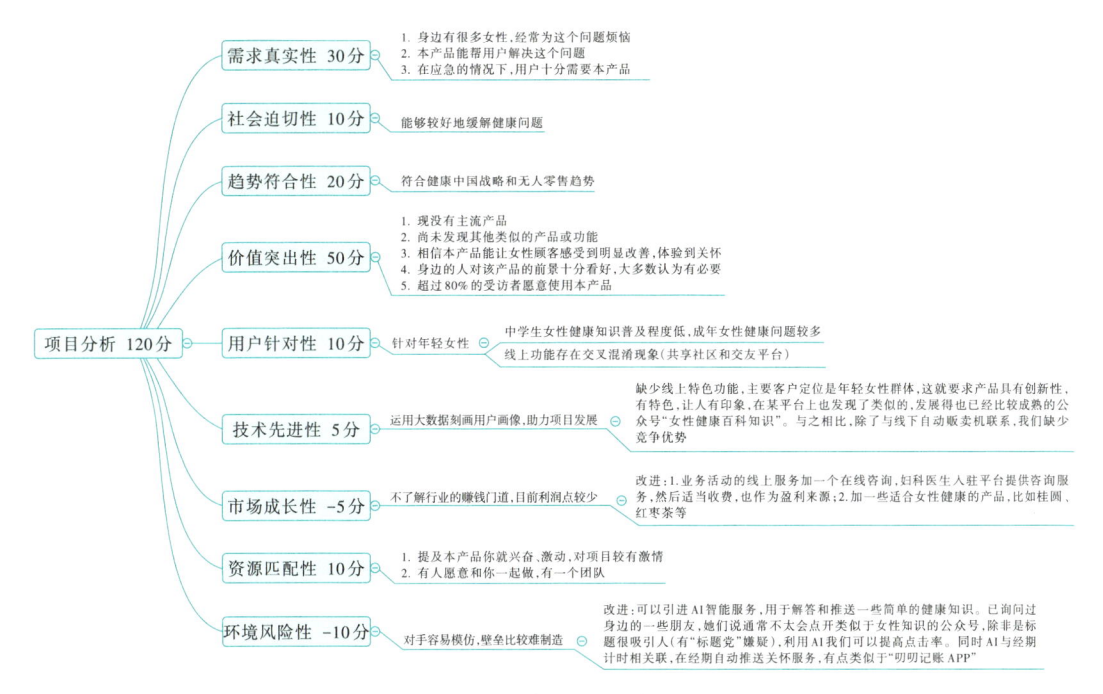

图7-6 某创业项目得分

项目分析 120分

- 需求真实性 30分
  1. 身边有很多女性，经常为这个问题烦恼
  2. 本产品能帮用户解决这个问题
  3. 在应急的情况下，用户十分需要本产品
- 社会迫切性 10分
  能够较好地缓解健康问题
- 趋势符合性 20分
  符合健康中国战略和无人零售趋势
- 价值突出性 50分
  1. 现没有主流产品
  2. 尚未发现其他类似的产品或功能
  3. 相信本产品能让女性顾客感受到明显改善，体验到关怀
  4. 身边的人对该产品的前景十分看好，大多数认为有必要
  5. 超过80%的受访者愿意使用本产品
- 用户针对性 10分
  针对年轻女性
  中学生女性健康知识普及程度低，成年女性健康问题较多
  线上功能存在交叉混淆现象（共享社区和交友平台）
- 技术先进性 5分
  运用大数据刻画用户画像，助力项目发展
  缺少线上特色功能，主要客户定位是年轻女性群体，这就要求产品具有创新性、有特色，让人有印象，在某平台上也发现了类似的，发展得也已经比较成熟的公众号"女性健康百科知识"。与之相比，除了与线下自动贩卖机联系，我们缺少竞争优势
- 市场成长性 -5分
  不了解行业的赚钱门道，目前利润点较少
  改进：1.业务活动的线上服务加一个在线咨询，妇科医生入驻平台提供咨询服务，然后适当收费，也作为盈利来源；2.加一些适合女性健康的产品，比如桂圆、红枣茶等
- 资源匹配性 10分
  1. 提及本产品你就兴奋、激动，对项目较有激情
  2. 有人愿意和你一起做，有一个团队
- 环境风险性 -10分
  对手容易模仿，壁垒比较难制造
  改进：可以引进AI智能服务，用于解答和推送一些简单的健康知识。已询问过身边的一些朋友，她们说通常不太会点开类似于女性知识的公众号，除非是标题很吸引人（有"标题党"嫌疑），利用AI我们可以提高点击率。同时AI与经期计时相关联，在经期自动推送关怀服务，有点类似于"叨叨记账APP"

三、寻找创业资金

常言道"兵马未动，粮草先行"，创业的资金就是打仗的粮草，必须保证充足。

1. 融资渠道

常见的融资渠道主要分为以下六种：

（1）从朋友、家人或从前的领导那获得

这是最方便的渠道，因为他们非常了解创业者的品质，对创业者有足够的信任和信心。

（2）通过线上渠道和媒体提供的众筹平台

包括从专业的众筹网站（天使汇、创投圈等），到媒体平台（36KR、品途网、牛投等），甚至京东和阿里众筹。

（3）通过线上项目路演平台

例如创业邦会定期收集优质的项目，归类后在严格审核的微信群内、线下活动中定期路演，提供优质企业对接投资人的机会，同时也给投资人提供一个优中选优的平台，如果创投双方彼此看好，就线下进一步对接。

（4）通过专业线下机构

比如创业项目孵化器中，提供投融资咨询、培训、线下路演，拓展了创投双方的对接渠道和效率，也有利于彼此的了解和保护。

（5）直接对接

自己搜索相关的行业投资案例，然后顺藤摸瓜找到背后的投资方，并对投资方做一个系统的了解（通过网站、行业协会、中介等），然后对接投资渠道。

（6）通过现场展示

比如创业大赛、项目路演、媒体发布会、行业协会年会等渠道，引起投资人的关注，进而争取深入交流和沟通的机会。

2. 注意事项

（1）要明确创业项目的特性

要思考创业项目的五个特性，力争有的放矢，尽快找到适合项目的投资。

第一是所属行业，尽量找到行业中非常细分的子行业，比如餐饮行业是大行业，而衢州风味面馆就足够细分。

第二是发展阶段，包括创立阶段，比如团队组建、产品开发、产品上线、天使用户获取；快速成长阶段，比如产品迭代；成熟阶段，比如商业模式调整、复制与扩张；转型阶段；等等。

第三是对资源的要求，即是纯粹的资金，还是需要带产业资源的资金，希望投资人帮助对接市场渠道，等等。

第四是投资阶段，包括种子轮、天使轮、Pre-A、A轮、B轮、C轮、Pre-IPO等。

第五是筹资方式，包括产品众筹、股权众筹、股权投资等。

（2）创业过程和投资阶段必须匹配

一般规则是：如果团队组建、产品开发，则寻求小额的孵化投资；如果产品迭代、天使用户获取、团队扩充，寻求天使投资或Pre-A；如果探索商业模式，则寻求风险投资；如果产品希望进行复制与扩张，则寻求私募股权投资。

（3）要了解投资机构的强项或偏好

常见投资机构类型有孵化器、天使投资、风险投资、私募股权投资等。了解它们投资哪些区域、投资什么阶段、投资哪些行业、投资金额大小等。另外其筛选标准、接触渠道等方面也各有特色，最好提前做好准备。

（4）融资额度计算合理

应该至少可以让公司支撑到下一轮的融资时间点，或者达到下一个目标的时间，比如15—18个月的预算。

（5）投入自有资金

大多数投资者喜欢看到公司的创始人投入了自有资金。如果创业者不愿意拿自己的钱去冒险，那其他人为什么要当冤大头呢？他们甚至会怀疑创业者就是想空手套白狼。

以下列出准备融资需要提供的材料,创业者可以逐一对照并做好准备。

一是企业基本信息,包括:企业名称、地址、企业类型、所属行业、注册资本、成立日期、联系人、职务、联系方式、E-mail。

二是企业基本情况,包括:企业简介,企业主要管理团队及股权结构简介,近三年主要财务指标(总资产、营业收入、净利润)。

三是融资意向调查,包括:融资项目简介,主要盈利模式简介,企业所处阶段(种子期、成长期、扩张期、成熟期、上市挂牌期),项目目前状况(研发阶段、小批量生产、中试、规模产业化生产),拟融资金额,已完成融资金额。

如果提供更详细的项目资料,如商业计划书、项目可行性报告等,则融资成功希望更大。

四、建立创业组织

西天取经团队结构,堪称创业团队的典型配置:一个如唐僧般目标明确、意志坚定的带头人,一个如孙悟空般神通广大、能解决难题的技术或业务大咖,一个如猪八戒般有生活情趣、协调关系的中间人,一个如沙僧般任劳任怨、忠诚忠实的办事人。创业者可以参考这个结构,应当补充什么关键人才、招聘哪些员工、应当建立什么规章制度,更加明确地组建核心团队。

创业起步时,大多是小微企业,很可能就是《沙家浜》里面所唱的"总共才八九个人、十几条枪"。此时追求业务处理的快捷高效,因此一般不必设置明确的部门,而是指定每人具体分管什么方面的事务即可。常见的有一个专门对外的设置,比如市场营销、采购原材料等;一个主要对内的,主管技术、行政等。

等事业做大做强之后,可以考虑采用更加成熟的组织形式,如有限责任公司、矩阵式组织、集团与子公司等。

投资者青睐以前在一起工作过的团队成员。原因在于,如果人们以前在一起工作过并且决定合伙开办新企业,通常意味着他们私人关系相处融洽并且相互信赖。尤其在越来越激烈的竞争环境中,投资人不希望团队磨合时间太久,因为担心团队还没磨合好但资金已经用完了。

五、选择创业地点

买房,重要的是地段。创业也类似,地点选好了,事半功倍、如虎添翼。

创业地点的选择,要考虑综合因素,如团队所在地、创业成本、创业资源等,必须认真考虑,综合权衡。其中,重点关注创业的不同阶段和不同需求。

如果是酝酿期或初创期,最好在自己所在的学校或所在的城市,找到符合创业项目特点的孵化器进行,通过线上线下的资源对接,头脑风暴,思想碰撞,不断产生火花。

如果是发展期、壮大期或腾飞期,寻找离相关产业资本更近、扶持政策更加优惠、专业化服务(如共享的专业技术平台、金融对接、市场推广和培训等)更全更优的地方,助推企业快速发展壮大。

六、创业计划书的撰写

如果创业项目进展顺利,发展势头良好,需要更多资金支持以扩大规模,就需要创业计划书来吸引更多投资。

1. 作用

创业计划书是通往成功的通行证,具有四个重大作用:

第一,和投资人更好沟通。以一本坚实的创业计划书说清商业模式、产品和目标客户等关键要素,提高交流的效率和效果。

第二,还有很多重要人物希望看到创业计划书。咨询顾问、团队和未来员工会看创业计划书,这是他们判断项目和创业者的好机会。团队一起努力工作,全力以赴地解决创业的各个细节,在磨合和学习中成长。

第三,促进全面思考。写作过程中,需要真正像CEO一样深入思考很多关键问题,比如,产品到底怎样盈利,市场营销策略、股权结构、风险策略如何设计。必须要考虑解决企业经营的每一个重大问题,其复杂性远远超过产品本身。

第四,指导公司日常运营。创业如下棋,必须多想几步。一旦将创业计划写到纸上,那些希望改变世界的天真想法就会变得实实在在而且冲突不断。

2. 结构

创业计划书主要分为八个部分,是对创业项目商业化的完整说明。换言之,就是如何成立公司,将一个创业项目做大做强,为自己和投资人带来丰厚回报。除了执行概览,总体结构如图7-7所示。

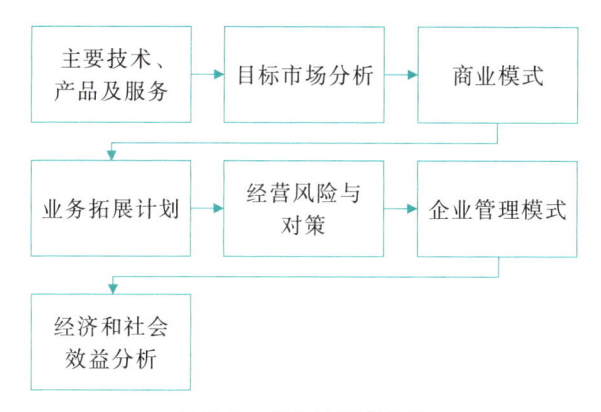

图 7-7　创业计划书结构

3. 写作要点

（1）执行概览

执行概览相当于文章的摘要，是为了让投资人可以在最短的时间内理解创业计划书。因此，既要简洁清晰，还要有吸引力。

执行概览主要包括以下内容：一是创业计划书简介，这是对整个创业计划书的高度概括；二是企业描述，主要是企业历史和现状；其他各项可以由创业计划书的相关章节提炼。

（2）主要技术、产品和服务

这一章重点说明创业项目到底运用了什么主要技术，要推向市场的是什么产品和服务。这是整个创业计划书的基础，也是创业项目存在的理由——如果主要技术、产品和服务没有竞争力和吸引力，创业项目则不必继续进行。

内容要清晰说明主要技术特点，产品和服务的功能、用法等。重点应该是那些能够支撑价值主张实现的特点，而不是像产品说明书一样事无巨细地说明。

（3）目标市场分析

主要描绘行业的基本状况及发展趋势，市场规模、增长率和趋势，包括市场总规模是多大，在增长还是萎缩，处于夕阳还是朝阳产业，市场竞争状况是否已经形成垄断。

此外，分析目标客户的特点，包括使用习惯、购买频率等。在此基础上做出市场前景预测，包括预计销售额是多少，能够带来多少利润。

（4）商业模式

在创业计划书中，商业模式是整个创业项目成功融资的关键。一般按照商业模式画布理论，构建和说明商业模式，如表 7-5 所示。

表7-5 商业模式画布

关键合作 (Key Partnerships) 特指非竞争者之间的战略联盟关系，或竞争者之间的战略合作关系，或为开发新业务而构建的合资关系，或为确保可靠供应的购买方—供应商关系，也可指上游的供应商或下游的分销商	关键做法 (Key Activities) 特指为了确保商业模式可靠，企业必须明确的可执行的业务方向或做法	价值主张 (Value Propositions) 指为特定客户提供的可创造价值的业务，具有新颖、性能可靠、定制化、品牌提升、价格降低、风险减小等特点	客户关系 (Customer Relationships) 指如何与客户建立关系，这种关系会通过有效的载体和相关的活动手段，提升与客户之间的良好关系	客户细分 (Customer Segments) 谁是你的客户，客户分几种
	核心资源 (Key Resources) 指公司运转所必需的最重要因素，如实体资产、知识资产、人力资源等		渠道(Channels) 特指要维护良好的客户关系，通过特定的联系渠道，创建与客户保持沟通、联系的渠道，传递公司业务，为客户带来价值，如杂志、广告、自媒体等	
成本结构(Cost Structure) 指运营企业所引发的所有成本，包括固定成本、可变成本、社会性支出(如政府收取的税金)			收入来源(Revenue Streams) 特指公司通过各种收入流来创造财富的途径，即从每个客户群体获取的现金收入和方式	

(5)业务拓展计划的写法

首先介绍主要业务拓展方式，然后按照总体营销策略、定价策略、渠道策略、促销策略、销售团队管理来依次展开。

(6)经营风险与对策的写法

重点关注如下八大风险——政策风险、技术开发风险、经营管理风险、市场开拓风险、生产风险、财务风险、汇率风险和人员风险，并为每种风险提出三到五个对策。

(7)经济和社会效益分析的写作方法

进行经济效益分析时，最便捷的方法是寻找一家可比企业，比如规模类似，或者营业额是本企业数倍的。可以参照可比企业的经营数据，再按照类似的比例估算本企业的相关效益。

进行社会效益分析时，可将眼光放得更加长远，按照直接受益与间接受益的层次，扩大社会效益的范围并提升其程度。

第四节 国家军转创业平台应用

对西湖区755名退役军人的调查显示,接近55%的退役军人对军转创业服务平台比较了解,其中超过24%的人已开始使用。值得注意的是,超过45%的退役军人不太了解这些平台。这与上文的希望创业比例接近,经分析人群也高度重合,说明平台只对退役军人有吸引力,可以通过进一步解释和说明来让更多的人了解和使用。具体数据如表7-6所示。

表7-6 西湖区退役军人对军转创业服务平台的看法

选项	人数	比例
A 了解几个平台,已开始使用	183	24.24%
B 听说过某些平台,准备尝试使用	230	30.46%
C 听说过某些平台,觉得没多大用	171	22.65%
D 没听说过,或者不关心这事	171	22.65%

1. 军转创业服务平台

退役军人事务部就业创业司、解放军新闻传播中心网络部联合开展"送政策到军营"活动,依托中央军委机关网推出了军转创业服务平台。平台为即将退役的官兵及其家属提供就业信息咨询、岗位培训、法规政策等全流程服务,便于他们知晓国家政策以及具体待遇和措施,熟悉了解各地办事手续。

平台设有七个功能模块,分别是"找岗位""找单位""找政策""要创业""信息发布""就业论坛"和"最美退役军人"。

平台在强军网主页显著位置。通过顶端搜索、首页推荐、找岗位、找单位等标识找到感兴趣的工作岗位。

岗位质量有保证,几百个央企国企、大型民企入驻,如中远海运、中储运、大唐、中体产业等,以及多个保险公司、银行、航空公司等。

"企业列表"中,可以点击详细查看用工单位简介、行业属性、单位地点、单位性质招聘人数、岗位类型、联系方式等信息。

2. 全国自主择业军转干部就业创业服务工作平台

平台针对自主择业军转干部就业创业的常见难题,设置了"平台简介""招聘信息""求职信息""合作单位""军转风采""通知通告""经验交流""推荐企业"等栏目。

第五节 典型创业案例（基于西湖区）

退役军人创业难度，普遍高于一直在社会打拼的同龄人，主要表现在视野和创业能力不足、资金不足、创业政策兑现难等方面。

为解决这些难题，西湖区退役军人事务局协同南方九星、南方梦立方等专业公司团队，筹建西湖军创孵化器运营管理有限公司，专门从事退役军人就业创业基地运营工作，不断探索创新，取得了显著成绩。

1. 退役军人创业就业新模式

"系统+孵化器+创业项目"三位一体，建立西湖区退役军人事务局、镇街、运营商联合工作平台，共同打造新型的退役军人创业西湖模式。

（1）云系统

利用杭州市退役军人事务局退役军人创业就业大数据智慧老兵云系统，以丰富数据和AI计算能力，通过多维度、多渠道动态采集、汇总各类信息，并通过智能数据分析手段及时跟进，集合老兵画像、舆情分析、监督监管、线上办公、生态共创等功能，开放赋能老兵服务生态。

云系统四库：

数据库：退役军人特征、技能、家属等多方数据库。

项目库：优质项目、合作信息、会议论坛信息发布。

专家库：多行业创新创业导师以及各类应用技能专家库。

资金库：政府配套基金、企业创投基金以及民间资金等。

（2）孵化器

根据不同镇街特色产业，打造定制化特色孵化器。

孵化器"三化六场景"：孵化器是围绕退役军人生态链服务需求，以人本化、生态化、数字化为价值导向，构建培训、创业、创投、服务、营销、展示六大场景。

培训场景：购买社会团队服务，为退役军人免费提供专业的创业辅导，含注册（初创）、人力社保、人力资源、融资培训、法务培训、财税服务、技术培训、政策申报培训、企业培训、数字营销公司、知识产权VI设计制作、PR&GR等基础型、发展型、引导型三大类一百种课程。

创业场景：长期向基地引入新兴产业，定期为退役军人举办项目推介、培训会，提供就业或创业加盟的机会,并针对就业创业行业,免费组织"订单式"就业创业培训,提供实习实训基地实践。

创投场景:为退役军人创业项目引进创投基金,为退役军人创业项目提供融资和具附加价值的协助。

服务场景:为退役军人提供政策解读、创业贷款等咨询服务。

营销场景:引入MCN(多频道网络)机构,对接淘宝直播、抖音、快手等平台,对退役军人或代言人进行培训、包装、强化推广以及推动变现,将创业项目打造成网红品牌,扩大影响力。

展示场景:举办退役军人就业创业高峰论坛,为基地引进高端资源。

(3)创业项目

通过大数据手段,精选符合退役军人创业的项目:

自有项目:引入南方梦立方旗下与之相匹配的优质项目。

关联项目:找寻已有退役军人创业明星企业帮扶或由退役军人内部进行创业合伙。

外部优质项目:国家机关和各省市区县等政府各主管部门授权的,"退役军人创业园""军民融合产业园""城市风景线""惠民工程""五个关怀工程"和"民族品牌工程进社区"等国家级或地方性项目。

2. 典型项目

目前已经立项启动的云餐项目,其实操方案思路明晰,可操作性强,存在共同协作的社会价值,具备长效性和可复制性,简单介绍如下:

云餐项目由南方九星与好浙口品牌合作,以"好浙口门店""移动餐车便利点""机动餐车""早餐亭""群众驿站"和"便民服务中心"等方式,进入全国各市的城区、各主要路口、风景区(点)、各街道(社区)、院校校区、房地产小区、商业综合体、产业园区、特色小镇和工业园区等,进行云餐品牌的经营活动和衍生项目合作。(好浙口品牌信息:2016年创立品牌,曾上榜"2019年度中国杰出餐饮品牌"和"2019年度最具成长性连锁品牌"。)

特点如下:

(1)合作模式多样

不限于加盟,可实现个性化、多元化合作。一人一车、省人力、省房租、省物流,对餐车运营商折价供货等(针对退役军人创业就业,一人一车可实现零投入、无品牌使用费、无保证金)。

(2)运营模式灵活

线上线下相结合,边际效应、附加价值高。

(3)管理体系健全

完整的产业链、完善的精细化、标准化管理体系,每个环节的品质安全保证。

(4) 社会效益明显

进入社区或园区,实现最后一百米(小区内配送及其他衍生服务),解决后疫情时代的部分社会民生问题,同时关注项目的社会使命感,带动退役军人家属,促进军民融合深度发展。

参考文献

[1] 张玉利,薛红志,陈寒松,等.创业管理[M].4版.北京:机械工业出版社,2016.

[2] 亚历山大·奥斯特瓦德,伊夫·皮尼厄.商业模式新生代[M].黄涛,郁靖,译.北京:机械工业出版社,2016.

[3] 退役军人事务部就业创业司,退役军人就业创业平台服务广大官兵[EB/OL].(2019-09-04)[2020-03-18].http://www.gov.cn/fuwu/2019-09/04/content_5427087.htm.

推荐阅读书目

1. 孙陶然,《创业36条军规(全新修订版)》,中信出版社,2015年
2. 莫瑞亚著,张玳译,《精益创业实战(第2版)》,人民邮电出版社,2013年
3. 蒂尔,马斯特斯著,高玉芳译,《从0到1:开启商业与未来的秘密》,中信出版社,2015年

思考与练习

1. 对你准备创业的项目打分,对照每个指标,说明分数、原因和改进方案。
2. 对你认为非常成功的某个创业项目(最好是了解情况较多的)打分,对照每个指标,研究哪些指标分数高以及原因,哪些指标分数低以及该项目团队是怎样处理的。

第八章

退役军人职业权益保护

引 言

收到入职通知的毕俊营,兴奋得一跳两米高,简直可以直接飞过当年训练的二郎高板。

他第一时间告诉了爸妈,妈妈一听眼睛就红了:"今年这情况,我一直担心你呀!没想到这么快就找到了好工作,可别忘了好好谢谢人家丁新成啊!你问问他什么时候有空,请他到家里来,我做一大桌拿手菜!"

平时话就不多的爸爸,直接捧出了一个坛子:"这坛酒存了十五年了,你当兵的时候我都没舍得拿出来,本来准备等你未来的岳父上门时再喝的,这次就用上!"

听到这,毕俊营马上微信邀请丁新成。大概三分钟后,丁新成回了一条语音:"咱们兄弟不要那么客气啦!你也不要着急搞什么敲锣打鼓的大场面,有些事我还想和你交待一下呢!"

毕俊营不禁暗自佩服:他总是比自己淡定。正琢磨到哪里请他吃饭呢,丁新成又来了一条语音:"我这几天加班,今晚咱们一起出去吃夜宵吧!"

毕俊营自然是一万个愿意,约好时间地点,又补充了一句:"啤酒管够!"

晚上毕俊营提前到了约定的小店,选了个相对安静的位置,点了几样打底的酒菜。丁新成迟到了几分钟,面带疲倦地坐下。

"老兄,感谢的话不多说了,没你手把手地教我,估计我这会儿还在东奔西走,我爸妈还在家里唉声叹气呢!来来来,我敬你一杯,都在酒里了……"毕俊营亮出最豪迈的风采。

"恭喜恭喜!不过不要谢我,主要还是你自己的实力和努力。你是奔驰悍马,我加了油才能跑出速度嘛!嗐,好久没这么开心的消息了,我也干了这杯……"丁新成与毕俊营碰了杯,也是一饮而尽。

几杯下来,两个人的脸蛋都泛起红光。毕俊营想起来了:"老兄还有什么要交待的呀?"

"你也别嫌我烦,我掉过的坑,兄弟你可不要悲剧了。"丁新成微笑着说。

"虽说都要经历社会的毒打,可咱们这身板,谁敢?我找他算账!"毕俊营一边说一边摸了一下肚子,发现八块腹肌已经潜水很深,暗想:上班前得好好健身。

"我那些坑,一个是骨折级的,其他还好,都是皮肉伤。尤其这几年做 HR,也真是长知识,再奇葩的事情都要见怪不怪了……"见毕俊营惊讶的样子,丁新成又慢慢补充道:"单位也好,个人也好,套路真不少呀!比如我这些天加的班,到底怎么算加班费?还有劳动纠纷和侵权行为，各种骚操作，顶风熏十里呢！咱们可得学会保护自己，捍卫自身权益……"。

"直接找退役军人事务局不行吗？那可是咱们的坚强后盾！"毕俊营大大咧咧地又端起杯子。

丁新成笑了："首先你得知道什么是侵权行为呀！不然被人卖了还帮人数钱。最要紧的，要是咱们自己成了明白人，也不用麻烦领导了不是？我有好多这方面的书，上面关于劳动保护、典型争议处理等问题都有详细介绍，你有兴趣的话，改天拿几本回家好好看看……"

毕俊营连声答应"OK"，又敬丁新成一杯，笑嘻嘻地说："酒壮俗人胆，老兄你给我讲几个掉坑的事情吧，我这人呐，就爱听这些！"

丁新成干掉了杯中酒，音量调低了八度："在你面前，我也不怕丢人了，就从那次骨折级的坑说起吧……"

第一节 职业权益保护主管部门

一、工会

2001年10月27日，第九届全国人民代表大会常务委员会第二十四次会议通过了《关于修改〈中华人民共和国工会法〉的决定》，从法律层面赋予了工会维护职工合法权益的重要职责。

例如，该法明确规定，中华全国总工会及其各级工会代表职工的利益，依法维护职工的合法权益，维护职工合法权益是工会的基本职责。

如果退役军人在现实中职业合法权益受到侵害，可以直接向工会寻求帮助。尤其是侵害范围较小、程度较低的，向工会反映、获取相应的建议，是最方便的方式。

二、人力资源与社会保障部门

根据规定，人力资源和社会保障部门的主要职责，涵盖了劳动者就业、创业、退休等方面的诸多领域，例如：统筹建立面向城乡劳动者的职业技能培训制度，拟订就业援助制度；拟订养老、失业、工伤等社会保险及其补充保险政策和标准；统筹拟订劳动人事争议调解仲裁制度和劳动关系政策，完善劳动关系协商协调机制；组织实施劳动保障监察，协调劳动者维权工作,依法查处重大案件。

人力资源和社会保障部门内设机构很多,各司其职,分别主管相关业务,如法规、劳动关系、工资福利、养老保险、失业保险、工伤保险、调解仲裁管理、劳动保障监察等。

因此,如果退役军人在现实中职业合法权益受到侵害,还可以找人社部门,尤其是劳动纠纷仲裁等部分。

第二节 主要职业权益保护法规简介

对西湖区755名退役军人的调查显示,退役军人对于职业权益保护相关法规"非常了解"的比例是28.21%,"了解"的比例是41.59%,"不是很了解"的比例是19.21%,"一点也不了解"的比例是7.68%,"没有考虑过"的比例是3.31%。可见,职业权益保护相关法规知识储备不足的退役军人接近30%,另外41%虽然"了解",但未必能够在现实中很好运用法规来维护权益。具体数据如表8-1所示。

表8-1 退役军人对职业权益保护相关法规的了解程度

选项	人数	比例
A 非常了解	213	28.21%
B 了解	314	41.59%
C 不是很了解	145	19.21%
D 一点也不了解	58	7.68%
E 没考虑过	25	3.31%

一、《中华人民共和国劳动合同法》

2007年6月29日,第十届全国人民代表大会常务委员会第二十八次会议通过《中华人民共和国劳动合同法》,自2008年1月1日起施行。第十一届全国人民代表大会常务委员会第三十次会议于2012年12月28日通过《全国人民代表大会常务委员会关于修改〈中华人民共和国劳动合同法〉的决定》,自2013年7月1日起施行。

这部法律,从劳动合同的订立、履行、变更、解除到终止,明确了劳动合同双方当事人的权利和义务,在维护用人单位合法权益的同时,侧重于维护处于弱势的劳动者的合法权益,为实现和谐稳定的劳动关系提供法律保障。

《中华人民共和国劳动合同法》立法宗旨非常明确,就是为了保护劳动者的合法权益,强化劳动关系,构建和谐稳定的劳动关系。在劳动者十分关心的问题上,有效地保护了劳动者的合法权益。

同时,法律也根据实际需要,增加了维护用人单位合法权益的内容。比如,为保护用人单位商业秘密和知识产权,促进创新和公平竞争,新规定了竞业限制制度等。

二、《中华人民共和国劳动就业促进法》

2007年8月30日,第十届全国人民代表大会常务委员会第二十九次会议通过《中华人民共和国就业促进法》,自2008年1月1日起施行。

该法第一次将实施积极的就业政策写入法律,把行之有效的促进就业、再就业的政策措施以法律的形式固定下来,对促进就业、反对各种就业歧视、保护公平就业权等方面做出了相对明确而具体的规定。

三、《中华人民共和国劳动争议调解仲裁法》

2007年12月29日,《中华人民共和国劳动争议调解仲裁法》由第十届全国人民代表大会常务委员会第三十一次会议通过,自2008年5月1日起施行。

1. 适用范围

(1)因确认劳动关系发生的争议。

(2)因订立、履行、变更、解除和终止劳动合同发生的争议。

(3)除名、辞退和辞职、离职发生的争议。

(4)因工作时间、休息休假、社会保险、福利、培训以及劳动保护发生的争议。

(5)因劳动报酬、工伤医疗费、经济补偿或者赔偿金等发生的争议。

(6)法律、法规规定的其他劳动争议。

2. 主要内容

(1)对劳动争议处理的基本程序。

(2)劳动关系三方机制在劳动争议处理中的职责。

(3)劳动争议仲裁委员会的设立、组成和职责。

(4)申请仲裁的时效等。

3. 亮点

(1)强调了调解功能,通俗点说,就是法律效力没有法院裁决大。

（2）劳动仲裁不收费。

（3）审限不得超六十天。

（4）部分案件一裁终局，避免因反复仲裁而侵害劳动者的经济利益。

这些规定大大降低劳动者的维权成本，更加有效地维护劳动者的合法权益。

和大多数退役军人类似，对毕俊营而言，虽然这三部法律非常重要，但里面的条款内容较多，记忆起来比较困难。因此明智的选择是：先认真学好《劳动合同法》，保证自己就业时的合法权益；如果后续遇到职业权益纠纷时，再参考《劳动就业促进法》和《劳动争议调解仲裁法》。必要时，通过公益法律热线等渠道，咨询专业人士。

不管怎样，知道这些法律的宗旨和大致规定，至少能保证退役军人遇到事情时不会六神无主，而是知道从哪部法律中寻找法律依据，为保护自身权益奠定基础。

第三节 典型职业侵权行为

对西湖区755名退役军人的调查显示，退役军人对于职业侵权行为"非常了解"的比例是25.96%，"了解"的比例是37.62%，"不是很了解"的比例是25.17%，"一点也不了解"的比例是7.02%，"没有考虑过"的比例是4.24%。可见，接近40%的退役军人对职业侵权行为的知识储备不足。具体数据如表8-2所示。

表8-2 退役军人对职业侵权行为的了解程度

选项	人数	比例
A 非常了解	196	25.96%
B 了解	284	37.62%
C 不是很了解	190	25.17%
D 一点也不了解	53	7.02%
E 没考虑过	32	4.24%

由于本章中需要多处引用法律，为严谨起见，因而使用较多的法律术语。退役军人在工作单位中，也是法律适用和保护的对象，因此不特别强调他们的退役军人身份，而是直接用法律术语代替。

退役军人职业起步

一、就业歧视，违背公平原则

由于国家有明确规定，退役军人一般不会遇到明显的就业歧视，但对于隐性歧视还是要养成识别能力，并学会防范。最常见的就是虽然没有在招聘文件中明确说明，但面试过程中故意设置困难、录取结果倾向明显等。

1. 性别歧视

在招聘文件中，声明不招收女性，或者提高同一职位中女性的学历、技能等方面的要求，变相对女性设置就业障碍；或者录用了女性职工，但是在合同中提出对女性职工结婚、生育的苛刻规定。

2. 户籍歧视

没有过硬的理由，却偏要规定只能本地户口申请；为外地户口员工缴纳的社保低于本地员工；等等。

3. 学历歧视

对拟招聘人才的学历定位过高，比如很多大专生可以胜任的工作，偏要招聘本科以上的人才。

除此之外，还有传染病歧视、身高歧视等。不管哪种歧视，都剥夺了求职者平等就业的权利，属于违法行为。

【案例】

小吴大学毕业后与一家科技公司签订了一份为期5年的劳动合同，并担任研发工程师一职。刚刚参加工作的小吴兴奋且富有激情，常常连续熬夜加班却毫无怨言，在这种生活中他获得了极大的成就感。然而，巨大的工作压力使得小吴的身体健康出现了问题。他渐渐感到疲惫、头疼，似乎睡觉也不能补充他白天的体力和精力消耗。小吴来到了医院，被确诊为抑郁症。小吴将自己的病情告知了公司。然而没想到的是，两个月后，小吴突然收到了单位解除劳动合同的通知书，理由是，小吴多次违反公司纪律，严重影响公司正常工作秩序，并且屡教不改。小吴感到非常气愤和不服，遂诉至劳动仲裁部门。

解析：《中华人民共和国就业促进法》规定用人单位招用人员、职业中介机构从事职业中介活动，应当向劳动者提供平等的就业机会和公平的就业条件，不得实施就业歧视。用人单位不能因为劳动者身体原因解除劳动合同，这将涉嫌就业健康歧视问题，用人单位应该继续履行劳动合同。

二、用人单位滥用"试用期被证明不符合录用条件而解除劳动合同"

试用期是用人单位和劳动者为了相互了解对方而约定的考察期,不是劳动合同中必须要有的条款。此处应当敲黑板画重点,或者重复三遍。

大多数求职者在试用期认真工作,希望试用期过后转正。然而,有些居心不良的用人单位常常"只试用不录取"。在试用期快要结束时,以不符合录用条件为由,直接解除劳动合同,达到使用廉价劳动力的目的。这比在商店只吃不买的人的行为恶劣多了。

虽然这是用人单位的正当权利,符合《中华人民共和国劳动法》中的规定。但是必须要强调的是,"不符合录用条件"不是用人单位单方面说了算,用人单位必须对劳动者"不符合录用条件"提供证明,而且必须要公布,让用人单位和劳动者共知。

【案例】

小李应聘到一家企业,并签订了一份为期一年的劳动合同,其中约定:2019年3月—2019年5月为试用期,共3个月。小李很珍惜这次工作机会,希望能够顺利通过试用期转为正式员工。小李非常勤奋地完成单位布置给他的工作,部门主管表扬了小李。小李很高兴,觉得他一定可以顺利转正的。然而离试用期结束还有一周的时候,用人单位突然向小李发出辞退通知,告知他工作表现欠佳,不符合录用要求,发给他两个月试用期工资后通知他立刻离开。

解析:根据《中华人民共和国劳动合同法》的规定,劳动者在试用期被证明不符合录用条件的,用人单位可以解除劳动合同。但是这并不意味着用人单位在试用期可以仅凭个人主观判断就随意任意解雇劳动者。用人单位必须证明劳动者在试用期不符合录用条件,若没有证据证明,就不能解除劳动合同,而且要承担因违法解除劳动合同所带来的一切法律后果。

三、用人单位解除劳动合同,缺乏合法依据

在实践中不乏有些领导法律意识淡薄,觉得"我的地盘我做主",随意解除与劳动者的劳动合同,而不提供任何依据。

根据《中华人民共和国劳动合同法》的规定,只有符合以下条款,用人单位才能解除劳动合同:

(1)当劳动者在试用期间被证明不符合录用条件的;

(2)严重违反用人单位的规章制度的;

(3)严重失职,营私舞弊,给用人单位造成重大损害的;

(4)劳动者同时与其他用人单位建立劳动关系,对完成本单位的工作任务造成严重影响,或者经用人单位提出,拒不改正的;

(5)因本法第二十六条第一款第一项规定的情形致使劳动合同无效的;

(6)被依法追究刑事责任的。

如果用人单位不能提供劳动者违反上述条款的证据而解除劳动合同,均属违法行为。

四、解除劳动合同不支付经济补偿金

《中华人民共和国劳动合同法》中明确规定,用人单位单方面提出解除劳动合同应当向劳动者支付经济补偿。

只有以下因劳动者存在过错的情形,才能不赔偿劳动者:

(1)严重违反用人单位的规章制度的;

(2)严重失职,营私舞弊,给用人单位造成重大损害的;

(3)被依法追究刑事责任等。

如果用人单位不能提供劳动者有上述过错的证据,解除劳动合同而不赔偿,均属违法行为。

【案例】

小张通过人才招聘会获得了一份工作,签了两年的劳动合同。然而工作了没多久,小张就发现,公司需要经常加班,然而因为找到一份工作不容易,小张心想咬咬牙挺过去就好了。一个月过去了,公司依旧经常加班,小张实在受不了了,就向老板提出需要休息的要求,谁知老板非常生气,说:"谁不想加班,谁就立马走人。"第二天,小张收到了老板解除劳动合同的通知。小张想想自己确实受不了工作的辛苦,不干就不干了吧,于是拿着通知找到老板请他支付经济补偿金。"给你了工作机会,加个班就嫌累,这会跟我要补偿金,你做梦去吧!"老板狠狠地说道。

解析:根据《中华人民共和国劳动合同法》中规定,用人单位提出解除劳动合同应当向劳动者支付经济补偿。如果不是因为劳动者存在某些过错的情况下,用人单位解除劳动合同应该根据约定向劳动者支付经济补偿金。

和大多数退役军人类似,对毕俊营而言,因为入职的是正规单位,发生侵权行为的可能性不大。但是,绝对不能掉以轻心,因为侵权行为往往以非常隐蔽的方式出现,这也是

"职场PUA"话题始终火热的原因。

因此,虽然毕俊营不必像当兵站岗时那么专注,但脑袋里要始终绷紧"职业侵权"这根弦。遇到不顺心或觉得不对劲的事情,多和家人、朋友和专业人士交流,必要时保留证据,及时举起法律武器捍卫自身权益。

第四节 违约责任与劳动争议

上述职业侵权行为,往往是性质相对恶劣、后果相对严重的情形,而且是由强势一方对弱势一方施加的。现实中更为普遍的,则是违约责任与劳动争议,处理不妥当也会损害退役军人的正当权益。

对西湖区755名退役军人的调查显示,退役军人对于劳动争议处理程序"非常了解"的比例是24.24%,"了解"的比例是35.23%,"不是很了解"的比例是26.62%,"一点也不了解"的比例是9.01%,"没有考虑过"的比例是4.90%。可见,超过40%的退役军人对劳动争议处理程序还存在模糊看法。具体数据如表8-3所示。

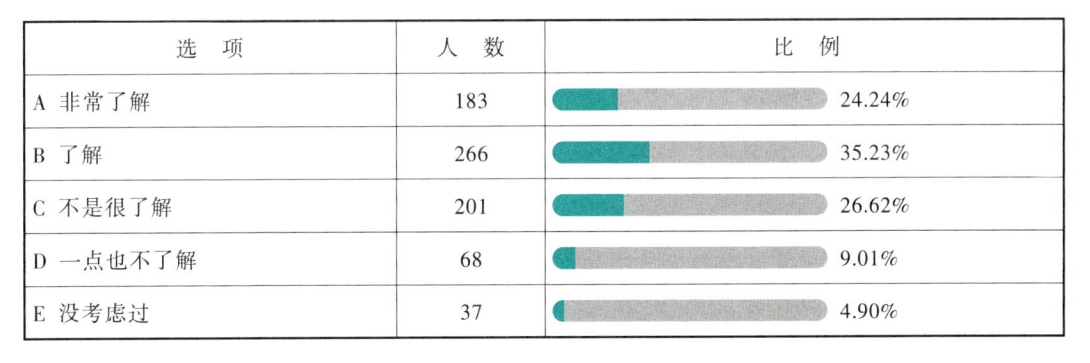

表8-3 退役军人对劳动争议处理程序的了解程度

选 项	人 数	比 例
A 非常了解	183	24.24%
B 了解	266	35.23%
C 不是很了解	201	26.62%
D 一点也不了解	68	9.01%
E 没考虑过	37	4.90%

一、违约责任

违约责任是指合同当事人一方不履行合同义务,或履行合同义务不符合合同约定所应承担的民事责任。

劳动合同的违约责任,有四个特点。

首先,当事人主观上必须有过错。

其次,当事人实施了不履行劳动合同或不适当履行劳动合同的行为。比如,用人单位未能按时足额支付劳动报酬。

第三，出于对弱势劳动者的保护，对用人单位规定了较多条款和较重的违约责任，对劳动者承担的违约责任规定较轻较少。这是对劳动者的特殊保护。

第四，当事人违反劳动合同的约定，必须承担的违约责任包括行政责任、经济责任和刑事责任三种。

二、劳动争议

劳动争议是指劳动关系双方当事人之间因实现劳动权利和履行劳动义务而发生的纠纷，故劳动争议也称为劳动纠纷。

第五节 职业权益保护的途径

无论是遇到职业侵权行为，还是违约责任与劳动争议，退役军人都可以通过多种途径和方法维护自身的正当权益。

对西湖区755名退役军人的调查显示，退役军人对于权益保护途径和方法"非常了解"的比例是21.59%，"了解"的比例是36.16%，"不是很了解"的比例是21.59%，"一点也不了解"的比例是13.38%，"没有考虑过"的比例是7.28%。可见，超过40%的退役军人缺乏保护自身职业权益的意识和知识。具体数据如表8-4所示。

表8-4 退役军人对权益保护途径和方法的了解程度

选项	人数	比例
A 非常了解	163	21.59%
B 了解	273	36.16%
C 不是很了解	163	21.59%
D 一点也不了解	101	13.38%
E 没考虑过	55	7.28%

一、协商

当劳动纠纷对劳动者利益损害较小时,劳动者可自行与用人单位就劳动争议问题进行协商,或者寻找纠纷解决的具体方案。

大多数情况下,双方能够达成协议,或者有过错一方改正错误,则争议消除。

二、申请调解

发生劳动争议后,如果双方无法直接解决,则由第三方从中调停,促使争议双方对争议达成一致意见的纠纷处理方法称为调解。

调解具有便捷、高效、温和的特点,被广泛地运用到争议的解决中。杭州市著名的《老娘舅》便属于调解节目。

1. 调解机构

发生劳动争议后,当事人可以到企业劳动争议调解委员会或依法设立的基层人民调解组织申请调解。前者仍然在企业内部,属于"家丑不可外扬";后者往往需要社区和街道出面,流程更加正规。

2. 申请方式

当事人可以通过书面申请或者口头申请劳动争议调解。注意,书面申请将会存档,也有相对固定的格式,需要说明争议原因、过程描述、期望结果等。

3. 生效

经调解达成协议的,应制作调解协议书,并由双方当事人签名或者盖章;调解员也要签名,并盖调解组织印章后,才能正式生效。

4. 申请仲裁

劳动争议调解组织收到调解申请之日起十五日内未达成调解协议的,当事人可以依法申请仲裁。

达成调解协议后,若一方当事人在协议约定期限内未履行调解协议的,另一方当事人可以依法申请仲裁。

当事人也可以直接向劳动争议仲裁委员会申请仲裁。

三、申请仲裁

仲裁是指由仲裁机构对双方当事人的劳动争议,依劳动合同中订立的仲裁条款或事后达成的仲裁协议,进行裁决的解决途径。

1. 仲裁时效

(1)劳动争议申请仲裁的时效期为一年。

(2)仲裁时效期从当事人知道或者应当知道其权利被侵害之日起计算。

(3)如果是劳动关系存续期间因拖欠劳动报酬发生争议的,劳动者申请仲裁不受一年仲裁时效期的限制。但若劳动关系终止的,应当自劳动关系终止之日起一年内提出。

2. 仲裁流程

(1)申请

申请人申请仲裁应当提交书面仲裁申请,并按照被申请人人数提交副本。

(2)受理

劳动争议仲裁委员会收到仲裁申请之日起五日内,认为符合受理条件的,应当受理,并通知申请人;认为不符合受理条件的,应当书面通知申请人不予受理,并说明理由。

劳动争议仲裁委员会受理仲裁申请后,应当在五日内将仲裁申请书副本送达被申请人。

(3)准备答辩书

被申请人收到仲裁申请书副本后,应当在十日内向劳动争议仲裁委员会提交答辩书。

劳动争议仲裁委员会收到答辩书后,应当在五日内将答辩书副本送达申请人。

被申请人未提交答辩书的,不影响仲裁程序的进行。

(4)仲裁时限

仲裁庭裁决劳动争议案件,应当自劳动争议仲裁委员会受理仲裁申请之日起四十五日内结束。

案情复杂需要延期的。经劳动争议仲裁委员会主任批准,可以延期并书面通知当事人,但是延长期限不得超过十五日。

四、申请人民法院诉讼

诉讼是指人民法院根据合同当事人的请求,在审判人员、诉讼参与人的参加下,审理和解决劳动争议的司法活动。

诉讼具有国家强制性、效率最大性的特点。

当事人对仲裁裁决不服的,可以自收到仲裁裁决书之日起十五日内向人民法院提起诉讼。

一旦进入诉讼程序,只有最后两种选择:庭外和解与法庭宣判。双方都要为此投入很大的成本,而且耗时在几个月以上。

当事人如果对人民法院的一审判决不服,可以提起上诉,二审判决是终审判决,当事人必须执行。人民法院审理劳动争议案件是维护职业权益的最后一道程序。

上述四种保护职业权益的途径,复杂程度、需要投入的成本和法律效力依次提高,如图8-1所示。

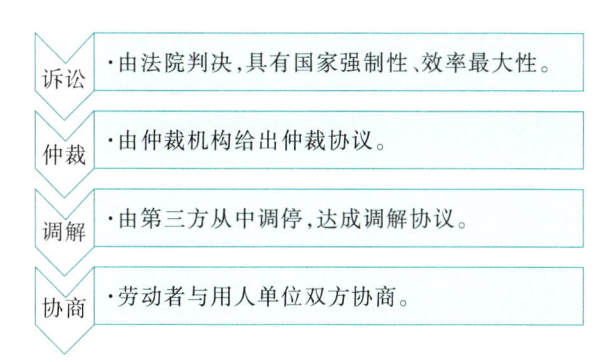

诉讼	·由法院判决,具有国家强制性、效率最大性。
仲裁	·由仲裁机构给出仲裁协议。
调解	·由第三方从中调停,达成调解协议。
协商	·劳动者与用人单位双方协商。

图8-1 职业权益保护途径

和大多数退役军人一样,毕俊营也不喜欢没事找事、小题大做。因此维护自身的合法权益时,他也会按照"先礼后兵"的原则处理。不过,如果侵权方顽固不化,毕俊营也就只好发挥"朋友来了有好酒,豺狼来了有猎枪"的战斗精神,不取得战果决不罢休。

必须要强调的是,上述所有途径的底线,是按照法律程序办事,保持理性,避免激化矛盾,积极寻找妥善解决的方法。如果逾越了这条底线,不仅要承受相应的法律后果,还会在退役军人待遇方面受到处罚。

参考文献

[1]蒋承勇,林才溪.大学生职业发展规划与就业创业指导[M].北京:高等教育出版社,2015.

[2]杨丽敏,吴宝善.高职生职业生涯规划与就业创业指导[M].长沙:湖南大学出版社,2014.

[3]中华人民共和国劳动法·实用版(2018版)[M].北京:中国法制出版社,2018.

[4]中华人民共和国劳动合同法·实用版(2018版)[M].北京:中国法制出版社,2018.

[5]中华人民共和国劳动争议调解仲裁法·实用版(2018版)[M].北京:中国法制出版社,2018.

[6]中华人民共和国工会法·实用版(2018版)[M].北京:中国法制出版社,2018.

推荐阅读书目

1. 法律出版社法规中心,《中华人民共和国劳动法注释本(百姓实用版)》,法律出版社,2019年
2. 法律出版社法规中心,《新编劳动合同法小全书5》,法律出版社,2020年
3. 张建伟,《法律稻草人》,北京大学出版社,2011年

思考与练习

1. 寻找身边人在就业过程中出现的典型侵权案例,通过掌握的法律法规相关知识,对案例进行分析。
2. 观看法制节目,选出你觉得最有可能发生在自己身上的案例,与有经验的人共同讨论。
3. 到B站上搜索"职场PUA"相关视频,找出最有共鸣的案例跟家人或朋友分享和讨论。